Marc Unkovic

Unbegleitete minderjährige Geflüchtete in der Kinder- und Jugendhilfe

Schutz, Förderung und Integration in Deutschland

Bibliografische Information der Deutschen Nationalbibliothek:

Die Deutsche Nationalbibliothek verzeichnet diese Publikation in der Deutschen Nationalbibliografie; detaillierte bibliografische Daten sind im Internet über http://dnb.d-nb.de abrufbar.

Impressum:

Copyright © Social Plus 2021

Ein Imprint der GRIN Publishing GmbH, München

Druck und Bindung: Books on Demand GmbH, Norderstedt, Germany

Covergestaltung: GRIN Publishing GmbH

Inhaltsverzeichnis

1 Vorwort

Jährlich flüchten Tausende Menschen aus ihren Heimatländern für eine hoffnungs-vollere Zukunft. Unter ihnen befinden sich viele Kinder und Jugendliche, die häufig alleine fliehen und ihre Familien im Heimatland zurücklassen. Laut der United Nations High Commissioner for Refugees (fortfolgend UNHCR genannt) sind sogar die Hälfte aller Geflüchteten minderjährig. Die meisten von ihnen fliehen aus Syrien, Afghanistan, Eritrea, Somalia, Sudan, dem Irak und Iran.[1] Die Gründe für eine Flucht sind vielfältig: materielle Not, Verfolgung, Vertreibung, Terror, Kriege, Tötungen, Entführungen, Folter, Misshandlungen sowie Diskriminierungen aufgrund Religion, Ethnizität und Geschlecht. Hinzu kommen schwerwiegende Eingriffe in die Menschenrechte, wie u.a. fehlende Meinungs-, Religions- und Versammlungs-freiheit.[2] Häufiges Ziel von geflüchteten Menschen sind Mitgliedsstaaten der Europäischen Union, da diese dazu verpflichtet sind, Schutz zu gewähren. Somit ist auch die Bundesrepublik Deutschland ein Land, in das Menschen fliehen, um ein Leben führen zu können, welches Ihnen im Heimatland verwehrt bleibt. De facto ist Deutschland damit seit vielen Jahren ein Einwanderungsland, auch wenn diese Tatsache erst mit dem Zuwanderungsgesetz von 2005 als offiziell gilt. Dadurch gibt es zwar einerseits einen rechtlichen Abschluss, die Brisanz dieses Themas hat in den vergangenen Jahren jedoch mit Sicherheit nicht abgenommen. Seit der letzten Flüchtlingswelle im Jahr 2015 kann davon ausgegangen werden, dass die „Flüchtlingsdebatte" erneut Fahrt aufgenommen hat und in der Gesellschaft erneut allgegenwärtig ist.

Während unser Leben meist sehr geregelt und sicher abläuft und wir voller Privilegien zunächst eine Schule besuchen, dann eine Ausbildung machen oder an einer Universität studieren um daraufhin erleichtert zu sein, eine passende Arbeit gefunden zu haben, verläuft das Leben vieler Kinder und Jugendlicher in Krisengebieten entgegengesetzt. Wie müssen sich Kinder und Jugendliche fühlen, denen all jene Möglichkeiten verwehrt bleiben und sie aufgrund verschiedenster Faktoren alleine und ohne ihre Familien in ein fremdes Land fliehen müssen, um in Frieden und Sicherheit leben zu können? Viele der geflüchteten Kinder und Jugendliche

---

[1]   vgl. Weper, Kimberley; Brennecke, Miriam: Unbegleitete minderjährige Geflüchtete – Herausforderungen für Gastfamilien, Berlin: Mensch und Buch Verlag, 2017, S. 1

[2]   vgl. Thomas, Stefan; Sauer, Madeleine; Zalewski, Ingmar: Unbegleitete minderjährige Geflüchtete – Ihre Lebenssituation und Perspektiven in Deutschland, Bielefeld: Transcript Verlag, 2018, S. 13

verbringen ihre gesamte Kindheit fernab ihrer Heimat und befinden sich über einen langen Zeitraum auf einer gefährlichen Flucht. Eine stetig steigende Zahl von Ihnen flüchtet zudem alleine und ist dabei dauerhaft von den Eltern getrennt. Während sich im Jahr 2015 noch rund 65.000 Kinder und Jugendliche in der Zuständigkeit der Jugendhilfe befanden, sind es derzeit immer noch ca. 30.000.[3] Aufgrund ihres Alters und der Erlebnisse in den Heimatländern und während der Flucht benötigen die Kinder und Jugendlichen nach der Ankunft in Deutschland besonderen Schutz, passende Betreuungsangebote, Unterstützung im alltäglichen Leben sowie eine geeignete Förderung, um zukünftig eine sichere Lebensperspektive entwickeln zu können.

Geflüchteten Minderjährigen stehen verschiedene Schutz- und Fördermaßnahmen zu, die ihrer besondere Lebenssituation gerecht werden sollen. Wie aber sieht die Realität der geflüchteten Kinder und Jugendlichen in Deutschland aus und was wird unternommen, um eine gelingende Integration realisieren zu können? Wie genau sieht der Verlauf nach der Ankunft aus und können sich die Jugendlichen Hoffnungen machen, in Deutschland bleiben zu dürfen oder sieht die Realität ganz anders und viele von Ihnen haben lediglich eine begrenzte Aufenthaltsdauer in Deutschland und müssen damit rechnen, nach Ablauf der Jugendhilfe in das Herkunftsland abgeschoben zu werden? Vorab muss erwähnt werden, dass viele Fragen im weiteren Verlauf offen bleiben und nicht abschließend beantwortet werden können. Außerdem entwickeln sich aus dem Kontext heraus oftmals neue Fragestellungen, die dazu dienen sollen, die ausgehende Fragestellung bestmöglich beantworten zu können.

Im ersten Kapitel der vorliegenden Masterthesis sollen zunächst Geflüchtete bzw. unbegleitete minderjährige Geflüchtete näher definiert werden, um die Personengruppe eingrenzen zu können. Wer ist eigentlich ein Geflüchteter und wann ist von unbegleiteten minderjährigen Geflüchteten die Rede? Im weiteren Verlauf sollen die Hintergründe sowie Zahlen und Fakten zu unbegleiteten minderjährigen Geflüchteten genannt werden: Woher stammen die in Deutschland lebenden jungen Geflüchteten, wie alt sind sie und welches Geschlecht haben sie? Außerdem sollen im Folgenden die Fluchtgründe erläutert werden, während die Veranschaulichung der gesundheitlichen Situation sowie der medizinischen Versorgung der unbegleiteten minderjährigen Geflüchteten das zweite Kapitel abschließt. Um sich einen

---

[3]   vgl. Mediendienst Integration: Unbegleitete minderjährige Geflüchtete, https://mediendienst-integration.de/migration/flucht-asyl/minderjaehrige.html, [02.01.2021]

allgemeinen Überblick über die Situation der jungen Menschen machen zu können, sollen darauffolgend sowohl der rechtliche, als auch der strukturelle Rahmen beschrieben werden, in dem sich die meisten Geflüchteten nach ihrer Ankunft in Deutschland aufhalten bzw. aufhalten müssen. Zum rechtlichen Aspekt gehören hierzu der Ablauf des Asylverfahrens, das Dublin-Verfahren und das Kinder- und Jugendhilfegesetz. Beim strukturellen Rahmen sollen die Aufgaben der Kinder- und Jugendhilfe näher betrachtet werden: Was passiert mit den Jugendlichen nach Ihrer Ankunft? Welche Aufgaben hat hier das Jugendamt und wie wird über den weiteren Hilfeverlauf entschieden? Dazu soll die Inobhutnahme des Staates, das Clearingverfahren sowie die Hilfeplanung und die Anschlussmaßnahmen thematisiert werden. Im weiteren Verlauf soll die Ausgangsfrage dieser Masterarbeit näher untersucht werden. Wie und mithilfe welcher Akteur*innen bzw. Institutionen kann es gelingen, dass unbegleitete minderjährige Personen sich eine neue und vor allem sichere Lebensperspektive aufbauen können. Oder ist dieses Ziel bloßes Wunschdenken der Jugendlichen und in den meisten Fällen schlicht unmöglich zu erreichen? Hierzu sollen die Anforderungen an die Soziale Arbeit, aber auch an die Jugendlichen untersucht werden. Zum Abschluss an das fünfte und letzte Hauptkapitel soll die gesellschaftliche Teilhabe und die dadurch resultierende Integration in die deutsche Gesellschaft durch die Kinder- und Jugendhilfe, durch Bildung und den Spracherwerb sowie durch die Ausbildung und den Beruf beleuchtet werden. Abgerundet wird die Masterarbeit mit einem Resümee und einigen Empfehlungen an die Arbeit mit jungen Geflüchteten im Kontext der professionellen Sozialen Arbeit.

Vorab soll an dieser Stelle erwähnt werden, dass in einigen Abschnitten der Masterarbeit eigene Erfahrungswerte aus der Praxis miteinfließen. Diese sind durch Fußnoten gekennzeichnet und befinden sich ausschließlich in der Fußnotenzeile. Das Ziel dabei soll sein, einen Vergleich zu der hier erläuterten Theorie herzustellen und die teils zu beobachtende Diskrepanz deutlich zu machen.

2 Definition des Flüchtlingsbegriffs

Im ersten Kapitel der Arbeit soll auf die beiden Begriffe „Geflüchteter" sowie „unbegleitete minderjährige Geflüchtete" näher eingegangen werden. Ziel ist es, die betroffenen Personengruppen zu definieren und die Unterschiede darzustellen.

2.1 Wer sind „Geflüchtete"?

Bevor ich mich der eigentlichen Zielgruppe, den „unbegleiteten minderjährigen Geflüchteten" widme, ist es wichtig zu erfahren, wer laut Definition ein Flüchtling bzw. Geflüchteter ist. Vorab möchte ich an dieser Stelle kurz erwähnen, dass ich bewusst den Begriff „Geflüchteter" verwende, da dieser noch ohne historische Bedeutung ist und der Wortsinn sowie die Wortstruktur unproblematischer erscheint.[4] Gleichzeitig möchte ich dennoch darauf hinweisen, dass die Begriffe „Geflüchteter" und „Flüchtling" im Folgenden als Synonyme verwendet werden, wenn es sich um direkte oder indirekte Zitate handelt.

Die Genfer Flüchtlingskonvention, welche das wichtigste Abkommen zum internationalen Flüchtlingsrecht stellt, definiert einen Geflüchteten als eine „Person, die sich außerhalb des Landes befindet, dessen Staatsangehörigkeit sie besitzt oder in dem sie ihren ständigen Wohnsitz hat, und die wegen ihrer Rasse, Religion, Nationalität, Zugehörigkeit zu einer bestimmten sozialen Gruppe oder wegen ihrer politischen Überzeugung eine wohlbegründete Furcht vor Verfolgung hat und den Schutz dieses Landes nicht in Anspruch nehmen kann [...].[5] Dennoch wird eindeutig nach den Gründen einer Flucht definiert. So zieht das Völkerrecht eine klare Linie zwischen Flüchtlinge bzw. Geflüchtete, die durch bestimmte und definierte äußere Einflüsse fliehen und sogenannte Migranten, die aus eigenem Antrieb auf der Suche nach einer besseren Perspektive ihre Heimat verlassen.[6] Ein Geflüchteter ist also jemand, dem es nicht möglich ist, in seinem Land zu bleiben bzw. zurückzukehren, da ihm dort Gefahr für Leib und Leben droht und er aufgrund Rasse, Religion, Nationalität, Zugehörigkeit zu einer bestimmten Gruppe oder seiner

---

4   vgl. Kothen: Menschrechte kennen keine Grenzen: Tag des Flüchtlings 2016, Frankfurt: Förderverein PRO ASYL e.V., 2016, S. 24

5   vgl. UNHCR – The UN Refugee Agency: Abkommen über die Rechtsstellung der Flüchtlinge vom 28. Juli 1951, 1967, S. 2

6   vgl. Bundesministerium für wirtschaftliche Zusammenarbeit und Entwicklung: Begriffsbestimmung und Erläuterungen, https://www.bmz.de/de/themen/Sonderinitiative-Fluchtursachen-bekaempfen-Fluechtlinge-reintegrieren/hintergrund/definition_fluechtling/index.jsp [01.10.2020]

politischen Meinung verfolgt wird.[7] Das nach dem zweiten Weltkrieg stets weiterentwickelte Flüchtlingsrecht nach der Genfer Flüchtlingskonvention beinhaltet außerdem das Non-Refoulement-Prinzip. Dieses definiert das Verbot einer Zurückweisung eines Menschen in ein Land, in dem einem Geflüchteten Verfolgung droht. Ähnlich sieht es bei der Europäischen Menschenrechtskonvention (EMRK) aus. In Artikel 3 der EMRK wird festgehalten, dass niemand der Folter oder unmenschlicher oder erniedrigender Strafe oder Behandlung unterworfen werden darf. Das zunächst nur auf Europa geltende Recht für Geflüchtete verlor ab 1967 die zeitliche und geographische Limitierung und ist somit weltweit gültig.[8] Das UNHCR bietet internationalen Schutz und stellt sicher, dass Menschrechte für Geflüchtete respektiert werden. Geflüchtete sollen jederzeit das Recht haben, einen Asylantrag zu stellen, auch wenn sie nicht direkt und namentlich von staatlichen Stellen bedroht und verfolgt werden. Einige, zumeist westeuropäische Staaten, besitzen jedoch eine andere Auffassung: Nicht jeder Mensch, der sich auf der Flucht befindet, soll automatisch einen Flüchtlingsstatus erhalten. Hierbei werden Diskrepanzen der verschiedenen Definitionen für Geflüchtete deutlich und führen häufig dazu, dass sie sich auch in der Praxis verfestigen.

Die Genfer Flüchtlingskonvention definiert zudem die Rechte aller Geflüchteten: Recht auf Religions- und Bewegungsfreiheit, Recht auf Zugang zu Bildung sowie das Recht auf Arbeit. Gleichzeitig werden auch Pflichten für Geflüchtete genannt: Ein Geflüchteter hat die Gesetze und Bestimmungen des Aufnahmelandes zu respektieren und muss nachweisen können, dass seine Flucht vor Verfolgung begründet ist.[9]

2.2 Wer sind „unbegleitete minderjährige Geflüchtete"?

Nachdem im vorherigen Abschnitt dargestellt wurde, wer laut Definition allgemein als Geflüchteter gilt, wird in diesem Absatz genauer der Begriff „unbegleiteter minderjähriger Geflüchteter" charakterisiert. Da der Begriff des unbegleiteten minderjährigen Geflüchteten in dieser Arbeit eine zentrale Rolle einnimmt, ist es von

---

[7] vgl. Oltmer, Jochen: Globale Migration – Geschichte und Gegenwart, Bonn: Bundeszentrale für politische Bildung, 2017

[8] vgl. Engler, Marcus; Schneider, Jan: Flüchtlingsrecht: Der Internationale Rahmen, https://www.bpb.de/gesellschaft/migration/kurzdossiers/207695/fluechtlingsrecht, 2015. [01.10.2020]

[9] vgl. UNHCR, S. 9-10

Bedeutung, eine klare Definition herauszuarbeiten und gleichzeitig eine Abgrenzung zu anderen Personengruppen herzustellen.

Das Bundesamt für Migration und Flüchtlinge (kurz BAMF) sieht einen unbegleiteten minderjährigen Geflüchteten, im Sprachgebrauch auch unbegleiteter minderjähriger Flüchtling bzw. Asylsuchender genannt, als eine Person an, die unter 18 Jahre alt ist, sich in einem Asylverfahren befindet und somit keine deutsche Staatsbürgerschaft besitzt. Zudem muss diese Person ohne Eltern bzw. Erziehungsberechtigte aus einem Drittstaat in die Europäische Union eingereist sein. Wenn all jene Aspekte gegeben sind, so kann offiziell von einem unbegleiteten minderjährigen Geflüchteten die Rede sein.[10] Die UNHCR definiert ein „unbegleitetes Kind" oder einen „unbegleiteten Minderjährigen" als eine „Person, die das achtzehnte Lebensjahr noch nicht vollendet hat, soweit die Volljährigkeit nach dem auf das Kind anzuwendende Recht nicht früher eintritt, und die von beiden Elternteilen getrennt ist und nicht von einem Erwachsenen betreut wird, dem die Betreuung des Kinder durch Gesetz oder Gewohnheit obliegt."[11]

Um jedoch eine klare Definition zu entwickeln und ein besseres Verständnis erlangen zu können, müssen die drei Begriffe unabhängig voneinander definiert werden. Was bedeuten die Begriffe „unbegleitet", „minderjährig" und „Geflüchtet" also? Wer ohne seine Eltern bzw. Sorgeberechtigten in die Bundesrepublik einreist oder von ihnen über einen längeren Zeitraum alleine zurückgelassen wird, gilt als unbegleitet. Minderjährig ist jede Person unter 18 Jahren. Bis zum Erreichen des 18. Lebensjahres vertreten die Erziehungsberechtigen, in dem Fall häufig ein*e Vormund*in, die Interessen des*der Minderjährigen. Stammt ein Kind aus einem Land, in dem die Volljährigkeit erst mit einem späteren Alter erreicht wird, so richtet sich die Minderjährigkeit theoretisch nach den Festlegungen im Heimatland. In der Praxis wird diesen rechtlichen Regelungen jedoch nicht immer nachgekommen und nur einige Bundesländer, hierzu gehört u.a. Bremen, erkennen eine spätere Volljährigkeit an. Der Begriff „Geflüchteter" ist nach Definition einer Studie des Europäischen Migrationsnetzwerks nicht im rechtlichen Sinne zu verstehen, wodurch eine Person diesen Status nach dem Durchlaufen des Anerkennungsverfahrens erhält,

---

[10]   vgl. Weper et al., ebd., S. 3

[11]   vgl. Der Hohe Flüchtlingskommissar der vereinten Nationen: UNHCR. Richtlinien über allgemeine Grundsätze und Verfahren zur Behandlung asylsuchender unbegleiteter Minderjähriger, 1997, S. 2

sondern als Geflüchteter wird hier jede Person gemeint, die diesen Status oder eine ähnliche Form eines legalen Aufenthaltes in Deutschland anstrebt.[12]

---

[12] vgl. Parusel, Bernd: Unbegleitete minderjährige Migranten in Deutschland – Aufnahme, Rückkehr und Integration. Studie II, Nürnberg: Bundesamt für Migration und Flüchtlinge, 2009, S. 13-14

3 Unbegleitete minderjährige Geflüchtete – Hintergründe

Das folgende Kapitel der Arbeit beschäftigt sich intensiv mit den Hintergründen der unbegleiteten minderjährigen Geflüchteten. Wer sind die jungen Geflüchteten, die ohne ihre Eltern eine meist lange und äußert gefährliche Flucht nach Deutschland wagen? Die Umstände im Herkunftsland müssen zwingend und schwerwiegend sein, damit sich Kinder und Jugendliche von ihren Eltern treffen, um Schutz in einem fremden Land zu suchen. Im Folgenden möchte ich zunächst auf die Daten und Fakten der Geflüchteten eingehen: Wo kommen unbegleitete minderjährige Geflüchtete her, wie alt sind Sie und welches Geschlecht haben Sie? Daraufhin möchte ich die Fluchtursachen und Motive näherbringen: Was sind allgemeine und kinderspezifische Fluchtursachen?

3.1 Herkunft, Alter und Geschlecht – Daten und Fakten

Zu Beginn möchte ich erwähnen, dass sich die folgenden Daten und Fakten zu Herkunft, Alter und Geschlecht von unbegleiteten minderjährigen Geflüchteten auf das Bundesland Brandenburg beschränken, da die aktuelle bundesweite Datenlage und der Wissensstand zum Themengebiet verbesserungswürdig sind. Auch der Bericht der Bundesregierung zur Situation unbegleiteter ausländischer Minderjährige bewertet die aktuell zur Verfügung stehenden Informationen als unzureichend.[13]

Aus dem Bericht des Ministeriums für Bildung, Jugend und Sport (im Folgenden durch MBJS abgekürzt) wurden in Brandenburg im Jahr 2017 1503 unbegleitete minderjährige Geflüchtete in der Kinder- und Jugendhilfe betreut. Der Anteil der Mädchen betrug etwa sieben Prozent. Auch unterscheidet sich dieser Wert nicht besonders von den Zahlen, die bundesweit gültig sind. So waren laut dem Bundesverwaltungsamtes Ende 2016 etwa 8,6 % der 64.000 Geflüchteten, die an die Kinder- und Jugendhilfe des Jugendamtes angebunden sind, weiblich. Mit den vorliegenden Zahlen konnte Brandenburg seinen Anteil nach Einführung des Gesetzes zur Verbesserung der Unterbringung, Betreuung und Versorgung zu den Vorjahren zwar anheben, dennoch steht es bundesweit an drittletzter Stelle. Somit ist zu konstatieren, dass Brandenburg seine Infrastruktur und Betreuungskapazitäten neu entwickeln musste und dabei nur auf wenig Erfahrung bei der Unterstützung von unbegleiteten minderjährigen Geflüchteten zurückgreifen konnte.

---

[13] vgl. Thomas et al.: ebd., S. 51

Die Herkunftsländer der Geflüchteten unterscheiden sich von Bundesland zu Bundesland nur in einem gering Maß. Mit einem Blick auf die demographischen Daten wird deutlich, dass Geflüchtete aus verschiedenen Ländern fliehen: Afghanistan, Syrien und der Irak sind hierbei am häufigsten vertreten.[14] In den letzten Jahren kamen außerdem noch einige west- und ostafrikanische Länder dazu: Guinea, Senegal, Gambia sowie Eritrea, Äthiopien und Somalia.[15] Dennoch ist es schwierig, eine allgemeingeltende Zahl zu nennen, die auf die gesamte Bundesrepublik zutrifft. Dies ist vor allem dem geschuldet, da das Bundesamt für Migration und Flüchtlinge nur jene unbegleitete minderjährige Geflüchtete erfasst, die bereits einen Asylantrag gestellt haben.[16] Somit wird eine recht hohe Zahl der Geflüchteten nicht mitberechnet, da ein Asylantrag in der Praxis aus systematischen Gründen meist erst kurz vor dem Erreichen der Volljährigkeit gestellt wird.[17] Laut des Bundfachverbands für minderjährige Flüchtlinge (BumF) waren 2016 in fast allen Bundesländern die Hauptherkunftsländer der Geflüchteten Afghanistan, Syrien, Irak, Eritrea und Somalia.[18] Mit einem Blick zurück auf das Bundesland Brandenburg ist zu konstatieren, dass die Anzahl aller unbegleiteter minderjährig Geflüchteter vom Jahr 2015 im Vergleich zu 2017 leicht anstieg. Dabei ist der Anteil an Jugendlichen, die aus Syrien kommen, von 37% auf 22,5% gesunken. Der Anteil der Geflüchteten aus Afghanistan ist ebenfalls leicht rückgängig gewesen. Generell lässt sich beobachten, dass im erwähnten Zeitraum weniger Jugendliche aus den arabischen Ländern in Obhut genommen wurden. Dafür ist ein klarer Anstieg aus afrikanischen Ländern zu verzeichnen. So erhöhte sich der Prozentsatz aller Geflüchteter aus Eritrea von etwa 1% auf knapp 7%. Außerdem ist ein enormer Anstieg aus Somalia und Guinea zu beobachten. Laut des Berichtes des MBJS setzt sich dieser Trend weiterhin fort.[19] Der Bericht des MBJS aus dem darauffolgendem Jahr 2018, der zugleich der derzeit aktuellste öffentliche Bericht ist, bestätigt sich diese Vermutung. Weniger Geflüchtete kommen aus arabischen Ländern und immer häufiger kommen minderjährige Geflüchtete aus afrikanischen Ländern in Brandenburg

---

[14] vgl. Thomas et al.: ebd., S. 52

[15] vgl. Parusel, ebd., S. 21

[16] vgl. Thomas et al.: ebd.

[17] Eigene Erfahrungen aus der Praxis eines sozialpädagogischen Trägers in Berlin, der unbegleitete minderjährige Geflüchtete in Wohngemeinschaften betreut.

[18] vgl. Walg, Marco: Häufigkeit psychischer Störungen bei unbegleiteten minderjährigen Flüchtlingen in: Zeitschrift für Kinder- und Jugendpsychiatrie, Remscheid: Hogrefe, 2016, S. 44

[19] vgl. Thomas et al.: ebd., S. 52-53

an. Hierbei ist zu erwähnen, dass alle Zahlen von den Jugendämtern zur Datenauswertung zur Verfügung gestellt worden sind, sodass nun auch minderjährigen Geflüchteten mitgezählt werden, die noch keinen Asylantrag gestellt haben.[20] Damit lässt sich insgesamt eine Veränderung hinsichtlich der Herkunftsländer feststellen. Während 2016 noch 80% aller unbegleiteter minderjährig Geflüchteter aus Syrien und Afghanistan kam, waren es 2017 nur noch 65%. Genau das Gegenteil lässt sich bei Geflüchteten aus afrikanischen Ländern feststellen. Während 2016 etwa 7,5% nach Brandenburg kam, waren es ein Jahr später schon 38%.[21]

Insgesamt lässt sich durch eine Umfrage eines in Brandenburg ansässigen pädagogischen Trägers zu den Herkunftsländern feststellen, dass im Jahr 2017 knapp 35% aller unbegleiteten minderjährigen Geflüchteten aus Afrika kamen, 31,5% kamen aus Afghanistan, etwa 15% aus Eritrea, 13% aus Somalia und jeweils etwa 8% aus Syrien und Guinea. Wie bereits erwähnt weicht die bundesweite Statistik je nach Bundesland ab. So kamen überproportional viele Jugendliche aus Syrien nach Brandenburg, während der Anteil der Kinder und Jugendlichen aus Somalia und Eritrea beispielsweise deutlich unter dem Bundesschnitt liegt.[22] Zum Vergleich sollen im Folgenden noch Daten und Fakten eines mittelgroßen sozialpädagogischen Trägers, der im Bundesland Berlin seinen Sitz hat, dargestellt werden. Im Jahr 2019 wurden 25 unbegleitete minderjährige Geflüchtete im betreuten Jugendwohnen bzw. betreuten Einzelwohnen vom besagten Träger in Wohngemeinschaften betreut. Hiervon kamen prozentual etwa 60% der Jugendlichen aus afrikanischen Ländern, etwa 20% aus Afghanistan, 15% aus Syrien und etwa 5% aus anderen Ländern. 100% der Jugendlichen waren männlich. Dadurch lässt sich nochmals untermauern, dass die vorliegenden Zahlen zu den Herkunftsländern von Träger zu Träger und vor allem von Bundesland zu Bundesland variieren können.[23]

Auch zum Alter lassen sich einige Unterschiede feststellen. Aus der Statistik des MBJS aus dem Jahr 2017 lässt sich folgende Altersverteilung feststellen: 21% der jungen Geflüchteten sind über 18 Jahre, 66% davon sind 16-17 Jahre, 11% sind zwischen 13 und 15 Jahre alt und etwa 2% sind zwischen 0 und 12 Jahre alt. Hier

---

[20] vgl. Ministerium für Bildung, Jugend und Sport: Unbegleitete minderjährige Ausländerinnen und Ausländer im Land Brandenburg, Potsdam, 2018, S. 7

[21] vgl. Thomas et al., ebd., S. 53

[22] ebd., S. 54

[23] Alle Zahlen hierzu stammen vom Träger „Vielfalt e.V." aus Dezember 2019 aus einer Kurzbefragung mit unbegleiteten minderjährigen Geflüchteten.

ist erneut zu beachten, dass diese Zahlen ausschließlich für Brandenburg gelten.[24] Mit Blick auf den sozialpädagogischen Träger in Berlin lassen sich etwas differenziertere Zahlen beobachten: etwa 5% waren zur Zeit der Umfrage bereits volljährig, ca. 80% der betreuten Jugendlichen waren bzw. sind minderjährig, also zwischen 16 und 17 Jahre alt, während die restlichen rund 15% zwischen 14 und 15 Jahre alt sind. Zu beachten ist, dass auch diejenigen Jugendlichen mitgezählt wurden, die minderjährig in Deutschland eingereist sind, inzwischen aber die Volljährigkeit erreicht haben und weiterhin in der Kinder- und Jugendhilfe betreut werden.[25]

3.2 Fluchtgründe

„Es ist unumstritten, dass minderjährige Flüchtlinge die verletzlichsten Opfer der Umstände in ihrem Herkunftsland sind und als Minderjährige spezifische physische, psychische und soziale Bedürfnisse haben. Sie leiden am stärksten unter Gewalt und Misshandlung, Armut und Hunger, unter politischem und sozialem Druck, unter der Auflösung von traditionellen Familien- oder Gemeinschaftsstrukturen und mangelnden Bildungsmöglichkeiten."[26]

Nachdem im letzten Kapitel einige Daten und Fakten zur Herkunft, zum Geschlecht und Alter genannt worden sind, liegt der Fokus in diesem Abschnitt auf den Fluchtgründen. Damit soll transparent gemacht werden, welche Motive junge Geflüchtete für eine Flucht entwickeln. Meistens lassen Sie Familie und andere Vertraute hinter sich, begeben sich auf eine lange und extrem riskante Reise in ein fremdes Land, in dem ihre Zukunft häufig völlig ungewiss ist. Fest steht, dass die Umstände und die Situation im Heimatland für die Betroffenen so schwerwiegend sein müssen, dass sie diesen Schritt alleine wagen.

Teilweise kommen unbegleitete minderjährige Geflüchtete, genau wie Erwachsene, nach Deutschland, da sie in erster Linie vor Kriegen, Bürgerkriegen, Krisen, Unruhen und Konflikten fliehen. Darüber hinaus sind Armut und Naturkatastrophen häufige Fluchtgründe. Zudem können politische Verfolgungen aufgrund von religiöser und ethnischer Zugehörigkeit Motive sein, die zur Flucht treiben. Darüber hinaus fliehen Kinder und Jugendliche oftmals gemeinsam mit ihren Eltern, werden

---

[24] vgl. Thomas et al., ebd., S. 54

[25] Alle Zahlen hierzu stammen vom Träger „Vielfalt e.V." aus Dezember 2019 aus einer Kurzbefragung mit unbegleiteten minderjährigen Geflüchteten.

[26] Jordan, Silke: Fluchtkinder. Allein in Deutschland, Karlsruhe: von Loeper, 2000, S. 19

jedoch im Laufe der Flucht von ihnen getrennt. Gründe für eine solche Trennung können u.a. die Schleusung nach Europa sein,[27] oder der Tod von einem oder mehreren Familienmitgliedern. Dennoch muss erwähnt werden, dass hinter jedem einzelnen Schicksal biographische Erlebnisse stehen, die als Fluchtgründe genannt werden können. Zwar lässt sich hierbei unschwer in Fluchtkategorien einordnen, dennoch können Gründe sehr persönlich sein.

Wie im Anfangszitat bereits erwähnt worden ist, unterscheiden sich Fluchtgründe von Erwachsenen und Kindern bzw. Jugendlichen häufig nicht besonders. Dennoch sind gerade Kinder und Jugendliche die Zielgruppe, die eine Flucht und Trennung von der Familie am meisten belastet. Somit lassen sich kinder- und jugendspezifische Gründe für eine Flucht feststellen, die bei Erwachsenen so nicht zutreffen können. Die häufigsten Ursachen für eine Flucht bei Kindern und Jugendlichen, die alleine nach Deutschland kamen, waren laut Asylanhörungen beim BAMF, dass sie in ihrem Heimatland ihre Eltern durch Verschleppung, Tod in Kriegshandlungen oder durch verschiedene Krankheiten verloren hätten. Hinzu wurde die fehlende Möglichkeit, eine Schule besuchen zu können bzw. einer geregelten Arbeit nachzugehen als Grund genannt. Der Faktor Bildung spielt bei den Fluchtursachen demnach ebenfalls eine große Rolle. Zusammengefasst lässt sich sagen, dass all jene Gründe bei den Jugendlichen dazu führten, dass sie keine Zukunftsperspektiven in ihrem Heimatland sahen. Ein weiterer Fluchtgrund, der bei Anhörungen oft vorgetragen wurde, waren Ängste vor verletzenden Praktiken wie beispielsweise die Genitalverstümmelung bei Mädchen und jungen Frauen in einigen afrikanischen Ländern, Zwangsheirat sowie sexueller Missbrauch und Zwangsprostitution. Außerdem wurden Sklaverei oder Kinderarbeit (in einigen afrikanische Staaten sowie Afghanistan), Verfolgung aufgrund von Wehrdienstverweigerung oder Einberufung in den Wehrdienst (Russische Föderation), Sippenhaft (Äthiopien) und Zwangsrekrutierung als Kindersoldaten (u.a. Angola, Sierra Leone, Guinea und Somalia) als Fluchtmotive vorgetragen.[28]

Viele minderjährige Geflüchtete geben außerdem bei der Anhörung den Fluchtgrund an, dass sie von ihren Eltern und Verwandten nach Europa geschickt wurden, da die Annahme besteht, im Aufnahmeland, vor allem jedoch in einem westeuropäischen Land, ein sicheres Leben führen zu können. Zudem sollen sie bei

---

[27] vgl. Parusel, ebd., S. 19
[28] vgl. Parusel, ebd., S. 19-20

Gelegenheit einen Job ausüben und Geldüberweisung an die Familien im Heimatland tätigen, damit der Lebensunterhalt der Familie gesichert wird. Die Landesregierung Berlin kommt zur Erkenntnis, dass rund drei Viertel aller unbegleiteter minderjährig Geflüchteter in die Bundesrepublik einreist, um bessere Lebens- und Zukunftsperspektiven zu haben. Ein Viertel soll aufgrund von Kriegen, Bürgerkriegen und politischen Verfolgungen fliehen.[29] Es ist jedoch äußerst schwierig, diese Angaben auf den Wahrheitsgehalt zu überprüfen, da Kinder und Jugendliche oftmals keinen genauen Fluchtgrund nennen können oder aber mehrere Gründe miteinander vernetzt sind, sodass von multiplen Fluchtgründen die Rede sein kann. Laut des BAMFs trägt ein Großteil der unbegleiteten minderjährigen Geflüchteten zudem keinen Fluchtgrund vor, der den asylrechtlichen Kriterien entspricht, was wiederum dazu führt, dass nicht von politischer Verfolgung ausgegangen werden kann. Im Umkehrschluss bedeutet dies, dass Asylanträge oftmals abgelehnt werden oder „nur" subsidiärer Schutz, also ein Abschiebeverbot, gewährt wird. Nur ein prozentuell kleiner Anteil aller Geflüchteten erhält Schutz nach Art. 16a Abs. 1 GG, der politisch verfolgten Personen Asylrecht gestattet. Über unbegleitete minderjährige Geflüchtete, die sich bereits in der Bundesrepublik aufhalten, jedoch noch minderjährig sind und der größte Teil somit noch keinen Asylantrag stellte, gibt es nur wenige Statistiken. In der Regel prüfen die lokalen Ausländerbehörden die Voraussetzungen für ein Abschiebeverbot nach § 60 Abs. 2 bis 5 oder 7 AufenthG. Da es zu dieser Personengruppe keine bundesweit erfassten Zahlen gibt, ist es schwierig abzuschätzen, wie hoch der prozentuelle Anteil derer ist, die einen Asylantrag stellen und jener, die entweder einen Abschiebungsschutz beantragen, gegen eine Abschiebung klagen oder gar untertauchen und sich illegal im Land aufhalten.[30]

Um einen praktischen Vergleich über die Fluchtgründe geben zu können, wurden Jugendliche bei der Erstaufnahme bzw. bei der Erzählung ihrer Fluchtgeschichte während der Anhörung beim BAMF nach den Gründen für die Flucht befragt. Diese Jugendlichen waren, wie bereits oben erwähnt, im Dezember 2019 an die Kinder- und Jugendhilfe angegliedert und wohnten in verschiedenen Wohngemeinschaften bei einem sozialpädagogischen Träger in Berlin. Zudem wurden Sie dort von Sozialarbeiter*innen betreut. Von den 25 Jugendlichen gaben sechs an, aufgrund von Kriegen und Bürgerkriegen geflüchtet zu sein, zwölf von ihnen nannten die schlechten wirtschaftlichen Perspektiven in ihrem Heimatland als Motiv für ihre

---

[29] ebd.
[30] ebd., S. 21

Flucht, während drei weitere angegeben haben, von der Familie geschickt worden zu sein oder die schlechten familiären Verhältnisse ausschlaggebend dafür waren, aus dem Land zu fliehen. Zu den vier verbleibenden Jugendlichen gab es keine genauen Angaben zu den Fluchtursachen.[31] Ähnliche Ergebnisse zeigen sich außerdem aus einer Online-Umfrage des Bundesfachverbands für unbegleitete minderjährige Flüchtlinge (BumF), an der Fachkräfte der Sozialen Arbeit teilgenommen haben. Hier gaben fast 60% aller Sozialarbeiter*innen an, dass die von ihnen betreuten Jugendlichen oft oder sehr oft von Gewalterfahrungen im Heimatland oder während der Flucht erfuhren. Auf die Frage „Was waren die Gründe für eine Flucht ohne Eltern?" antworteten rund 40%, dass sie aus eigenem Antrieb flüchteten. 30% flohen im Auftrag der Familie, wobei die Mehrzahl von ihnen angab, bei Gelegenheit die eigene Familie im Rahmen der Familienzusammenführung nachholen zu wollen. Obwohl es als Mythos angesehen werden kann, dass Jugendliche oftmals von ihren Eltern geschickt werden und von diesen „gesteuert" werden, ist im Vordergrund dieser Flucht stets das Ziel, im Ankunftsland ein besseres Leben führen zu können. Dies trifft vor allem bei männlichen unbegleiteten minderjährigen Geflüchteten zu. Expert*innen zufolge gaben Mädchen häufiger an, dass sie aufgrund geschlechtlicher Diskriminierung und sexuellen Delikten geflohen sind und deutlich seltener die Unterstützung aus dem Elternhaus erfuhren.[32]

3.3 Gesundheitliche Situation und medizinische Versorgung

Viele unbegleitete minderjährige Geflüchtete wirken auf den ersten Blick gesund. Häufig haben sie in ihren Herkunftsländern, während der Flucht aber auch nach der Flucht jedoch furchtbare Erlebnisse hautnah miterleben müssen und entwickelten dadurch in vielen Fällen gesundheitliche Beeinträchtigungen. Ein Begriff, der ebenfalls im Zusammenhang mit einer Flucht auftaucht, ist „Trauma". In der Psychiatrie wird er sowohl zur Beschreibung eines auslösenden Ereignisses, als auch zur Schilderung der psychischen Folgen verwendet. Zu den potentiellen traumatischen Erfahrungen gehören u.a. Kriege, Terroranschläge, gewalttätige Angriffe, Vergewaltigungen, Entführungen, Folter, Kriegsgefangenschaft, Naturkatastrophen, Diagnosen einer lebensbedrohlichen Erkrankung, massive medizinische

---

31 Alle Zahlen stammen aus einer trägerinternen Befragung eines sozialpädagogischen Trägers in Berlin, Januar 2020

32 vgl. Thomas et al., ebd., S. 58-59

Eingriffe oder Mangelerfahrungen in der Kindheit.[33] Es könnten noch weitere Ursachen, wie sie bereits im vorherigen Kapitel beschrieben wurden, genannt werden. Eine große Anzahl der Geflüchteten war vor und während der Flucht belastenden Ereignissen ausgesetzt. Die Integrität und Selbstbestimmung wurde massiv verletzt, wodurch sie ein enormes Traumatisierungspotential aufweisen.[34] Außerdem erfahren sie in der Folge häufig posttraumatische Belastungsstörungen (PTBS), die sich durch Symptome wie Alpträume, Flashbacks, Vermeidungsverhalten, Numbing oder Konzentrations- und Schlafstörungen kennzeichnen.[35] Laut einer Studie zu unbegleiteten minderjährigen Geflüchteten in der Jugendhilfe weisen vergleichsweise viele Jugendliche psychosoziale Problemlagen auf. 35% der befragten Jugendlichen gaben an, unter Schlafstörungen zu leiden, 17% leiden unter sozialer Unsicherheit und 15% unter Depressionen bzw. depressiven Verstimmungen. Hinzu gaben 10% an, dass sie sich aus dem sozialen Leben zurückziehen, weitere 10% leiden unter körperlichen Begleitsymptomen bzw. psychosomatischen Symptomen. Zu den verbleibenden Prozenten gab es keine Antworten.[36] Viele Jugendliche haben traumatische Erfahrungen erleben müssen, welche in Verhaltensauffälligkeiten Symptomen einer posttraumatischen Belastungsstörung führen. Sie haben in ihrer Heimat Familienangehörige verloren, haben Tode vor und während der Flucht miterlebt, sie haben die Zerstörung ihrer Heimat, ihrer Städte und ihres Hauses gesehen, sie sind vor dem Terrorismus geflohen oder waren selbst an kriegerischen Gefechten beteiligt.[37]

Hinzu erfahren viele Jugendliche nach ihrer Ankunft eine sequentielle Traumatisierung bzw. die Gefahr dafür, unter einer sequentiellen Traumatisierung zu leiden, ist bei Geflüchteten vergleichsweise hoch. Eine sequentielle Traumatisierung meint nach Hans Keilson, wenn ein Trauma nicht nur durch ein einzelnes Ereignis hervorgerufen wurde, sondern als Aufeinanderfolge von mehreren traumatischen Ereignissen bzw. Sequenzen unter Berücksichtigung des sozialen und politischen Kontextes.[38] Junge Geflüchtete leiden unter einer sequentiellen Traumatisierung

---

33 vgl. Hargasser, Brigitte: Unbegleitete minderjährige Flüchtlinge. Sequentielle Traumatisierungsprozesse und die Aufgabe der Jugendhilfe, Frankfurt: Brandes und Apsel Verlag GmbH, 2014, S. 23

34 vgl. Thomas et al., ebd., S. 63

35 vgl. Hargasser, ebd., S. 23

36 vgl. Thomas et al., ebd., S. 63

37 vgl. Thomas et al., ebd., S. 63

38 vgl. Hargasser, ebd., S. 27

meist schon bevor sie fliehen. Diese Traumatisierung setzt sich durch die vielen negativen Ereignisse während der Flucht fort und zieht sich bis zur Einreise in das Aufnahmeland. Unbegleitete minderjährige Geflüchtete berichten nach ihrer Ankunft von einer kulturellen Fremdheit und verspüren Unsicherheit, wenn es um ihre Rechtssituation und das Asylverfahren geht – dies können Gründe für die sequentielle Traumatisierung sein.[39] Einer Befragung zufolge berichten etwa 23%, sich aufgrund einer psychischen Traumatisierung in einer Behandlung zu befinden, wobei bei etwa 40% eine Traumatisierung vermutet wird.[40] Ähnliche Ergebnisse zeigen sich bei den Jugendlichen, die im betreuten Jugendwohnen leben. Hier geben einer anonymen Umfrage zufolge 55% an, unter traumatischen Erlebnissen zu leiden. Die meisten von Ihnen nennen die dramatischen Erfahrungen während der Flucht als ausschlaggebend an. Hinzu wird die Trennung zur Familie als Grund genannt. Da sich die betreuten Jugendlichen bereits seit mindestens einem Jahr in Deutschland aufhalten, entfällt mittlerweile der Aspekt, dass sie sich in Deutschland fremd fühlen. Zu beachten ist hierbei, dass dieses Gefühl von Standort zu Standort stark variieren kann und Jugendliche in dörflicheren Gegenden häufiger davon berichten können, unter einer kulturellen Fremdheit zu leiden als Jugendliche in Großstädten.[41]

Durch die vielen traumatischen Ereignisse und den daraus resultierenden psychischen Störungen leiden unbegleitete minderjährige Geflüchtete oftmals unter Verhaltensauffälligkeiten. Hierzu gehören Aggressionen, Suizidalität, selbstverletzendes Verhalten, Konzentrationsschwierigkeiten, Depressionen, sozialer Rückzug und Einnässen. Gesundheitliche Beeinträchtigungen zeigen sich allerdings ebenfalls durch körperliche Verletzungen, die den Jugendlichen durch Kriege und Folter in ihrem Heimatland oder auf ihrer Flucht zugetragen worden sind. Besonders Folterverletzungen und Fußverletzungen wird häufig berichtet.[42] Einer trägerinternen Umfrage zufolge geben Geflüchtete aus Guinea, dem Senegal und Gambia vergleichsweise häufig an, in Übergangsländern wie Libyen, Niger und Mali in gefängnisähnlichen Einrichtungen gewesen zu sein. Durch medizinische Untersuchungen

---

[39] vgl. Thomas et al., ebd., S. 64

[40] ebd.

[41] Alle hier vorliegenden Daten und Zahlen stammen aus einer trägerinternen Befragung eines sozialpädagogischen Trägers in Berlin, Oktober 2020

[42] vgl. Thomas et al., ebd., S. 64-65

nach der Einreise in Deutschland konnten bei einer Vielzahl der Jugendlichen Schusswunden am gesamten Körper festgestellt werden.[43]

Im letzten Teil des Kapitels soll die medizinische Versorgung der unbegleiteten minderjährigen Geflüchteten untersucht werden. Laut des MBJS wurde in einer Studie erfragt, ob eine medizinische Behandlung von jungen Geflüchteten im Vergleich zu Jugendlichen ohne Fluchterfahrung problematischer ausfällt. Hier gaben 44% der befragten Ärzt*innen an, dass dies zutrifft und eine medizinische Behandlung bei Jugendlichen mit Fluchterfahrung komplizierter sei. 32% stimmten dieser Aussage nicht zu, während die übrigen Befragten dem ablehnend gegenüberstanden. Während die medizinische Versorgung zur Flüchtlingskrise im Jahr 2015 noch sehr unübersichtlich war, hat sich diese Situation inzwischen weitestgehend verbessert, da unbegleitete minderjährige Geflüchtete durch die Inobhutnahme des Jugendamtes krankenversichert werden. Inzwischen erhält jeder unbegleitete Geflüchtete eine Gesundheitskarte vom zuständigen Jugendamt. Diese ist bis zur Beendigung der Jugendhilfe gültig und kann problemlos bei jedem Arztbesuch vorgelegt werden. Während bis 2017 noch sogenannte Abrechnungsscheine von Jugendämtern ausgestellt wurden, die in einigen Arztpraxen wiederum nicht anerkannt wurden, gibt es inzwischen durch die Einführung der Gesundheitskarte für unbegleitete minderjährige Geflüchtete kaum noch Probleme bei Abrechnungen von medizinischen Leistungen.[44] Dennoch sollte sich die gesundheitliche Versorgung auch im Jahr 2021 kontinuierlich verbessern, da noch immer viele, vor allem unbegleitet minderjährige Geflüchtete, einen hohen Bedarf an medizinischer Versorgung aufweisen. Vor allem für junge geflüchtete Mädchen ist dieser Bedarf äußerst hoch – laut Studie besteht nach Ansicht der Befragten für jedes junge Mädchen dringender Bedarf an medizinischer Versorgung. Als elementarer Grund hierfür ist u.a. die Erfahrung von sexualisierter Gewalt vor und während der Flucht und den daraus resultierenden psychosomatischen Problemen.[45]

---

[43] Alle hier vorliegenden Daten und Zahlen stammen aus einer trägerinternen Befragung eines sozialpädagogischen Trägers in Berlin, Oktober 2020

[44] vgl. Thomas et al., ebd., S. 65

[45] ebd.

4 Rechtlicher und struktureller Rahmen

Das folgende Kapitel befasst sich mit dem rechtlichen Rahmen der unbegleiteten minderjährigen Geflüchteten. Hier sollen sowohl die asyl- und aufenthaltsrechtlichen Bestimmungen, als auch der strukturelle Rahmen der Kinder- und Jugendhilfe analysiert werden. Interessant dabei ist das Spannungsverhältnis dieser beiden Rahmen: Während sich die Jugendhilfe in ihrer Existenz von Grund auf den Begriff des Kindeswohls stützt und jedes Handeln durch dieses bestimmt ist, wird es gleichzeitig mit den Rechtsbereichen konfrontiert. Beide Rechtsbereiche verfolgen voneinander in ihrer Rechtsprechung differenzierte Ziele. Während das Asyl- und Aufenthaltsrecht dabei abzielt, die Zuwanderung im Land zu kontrollieren, gilt in der Kinder- und Jugendhilfe nach dem SGB VIII das Primat des Kindeswohls. Die jungen Geflüchteten bewegen sich somit nach ihrer Ankunft automatisch in zwei getrennten Systemen.[46]

In der Praxis stoßt das Spannungsverhältnis häufig auf Unverständnis, da die beiden Systeme sich nicht ergänzen, sondern im Extremfall gegen sich arbeiten. So erhielten häufig Jugendliche, die sich gut integrieren, zur Schule gehen oder eine Ausbildung begonnen haben und die Sprache schnell und erfolgreich lernten, eine Ausreiseaufforderung durch das BAMF, während Jugendliche, die sich kaum integrieren konnten bzw. wollten eine Aufenthaltsgestattung bzw. Aufenthaltsduldung bekamen. Kritisiert wird hierbei, dass das BAMF nicht enger mit den sozialpädagogischen Trägern sowie Jugendämtern vernetzt ist. Prinzipiell entscheidet das BAMF durch die Anhörung der Fluchtgeschichte, ob diese legitim ist und der Jugendliche die Anforderung erfüllt, im Land bleiben zu dürfen oder nicht. Es besteht keinerlei Austausch mit den Sozialarbeiter*innen und Betreuer*innen der Jugendlichen – somit kann nie durch eine zweite Meinung hinterfragt werden, ob ein*e Jugendlicher*r traumatisiert ist oder Interesse hat, sich weiter zu integrieren und arbeiten zu gehen, um sich somit eine Zukunft in Deutschland aufbauen zu können. Oft wird berichtet, dass jene Jugendliche abgeschoben werden, die gut integriert sind.[47] Es ist selbsterklärend, dass das Zusammenspiel dieser beiden Bereiche nicht alle Probleme lösen würde, dennoch kann vermutet werden, dass es zu gerechteren Entscheidungen käme. Ein gemeinsamer Schnittpunkt zwischen dem rechtlichen sowie sozialen Rahmen wäre sicherlich von Vorteil. Auf der anderen Seite muss

---

[46]   vgl. Thomas et al., ebd., S. 73

[47]   vgl. Flüchtlingsrat Niedersachen e.V., https://www.nds-fluerat.org/40062/aktuelles/ben-bakayoko-kampf-um-bleiben-zu-koennen/, 2019, [13.12.2020]

beachtet werden, dass sich Sozialarbeiter*innen oder Vormünder*innen um die rechtlichen Aspekte der Jugendlichen kümmern, die keine oder nur wenige juristische Fachkenntnisse besitzen. Umso wichtiger ist im Hinblick auf das Asylverfahren deshalb ein Zusammenspiel zwischen den Sozialarbeiter*innen der Einrichtung, den Vormünder*innen und den Fachkräften der zuständigen Jugendämter.[48]

4.1 Der rechtliche Rahmen

4.1.1 Der Asyl- und aufenthaltsrechtliche Rahmen

Nach der Flucht stellt sich für viele Geflüchtete die Frage nach der Lebens- und Aufenthaltsperspektive in Deutschland. Viele hoffen, dass sie als Geflüchtete anerkannt werden und ihnen im weiteren Verlauf Asyl gewährt wird. Dafür ist für alle Geflüchtete der rechtliche Status im Hinblick auf die asyl- und aufenthaltsrechtlichen Bestimmungen wichtig.[49] Die asyl- und aufenthaltsrechtlichen Bestimmungen determinieren das Leben von unbegleiteten minderjährigen Geflüchteten nach ihrer Einreise in die Bundesrepublik. Durch die rechtlichen Vorgaben werden ihre Einreise, ihre Aufenthaltsperspektive, ihre Versorgung und Unterbringung sowie ihre Zukunftsperspektive geregelt.[50] Im Folgenden soll im groben Überblick der rechtliche Rahmen untersucht werden. Für alle Asyl- und aufenthaltsrechtlichen Grundlagen spielen verschiedene Gesetze eine wichtige Rolle. So sind an erster Stelle die Bestimmungen des Grundgesetztes, welches in Art. 16a Abs. 1 besagt, dass alle politisch Verfolgten Asylrecht genießen. Durch eine stetig steigende Asylbewerberanzahl und einer Debatte über mögliche Asylmissbräuche in den 1990er Jahren trat eine Änderung des Asylrechts als Bestandteil des sogenannten Asylkompromisses ein. In der Praxis bedeutet dies, dass faktische keine politisch verfolgten Menschen in die Bundesrepublik einreisen könnten, da Deutschland von sicheren Herkunftsstaaten umgeben ist und diese nach Gesetz dazu verpflichtet sind, primär Asyl zu gewähren. Eine Ausnahme bietet die direkte Flucht und Einreise per Flugzeug. Die Prüfung des Fluchtweges spielt in jedem Asylverfahren eine entscheidende Rolle. Häufig ist der Fluchtweg für die Behörden meist wichtiger als die eigentlichen Fluchtursachen, sodass Geflüchtete oftmals ihre Papiere, sofern sie überhaupt in Besitz von identifizierbaren Dokumenten sind, vernichten. Sofern an

---

[48]   vgl. Thomas et al., ebd., S. 75
[49]   ebd., S. 76
[50]   vgl. Hargasser, ebd., S. 71

den Außengrenzen der europäischen Union keine Fingerabdrücke gemacht wurden und die Identität der Geflüchteten in keine Datenbank aufgenommen wird, kann der Fluchtweg nicht mehr nachverfolgt werden. In der Regel führt dies zunächst dazu, dass zunächst eine Abschiebung verhindert wird.[51]

Neben dem Recht auf Asyl genießen minderjährige Geflüchtete jedoch noch weitere Schutzrechte, die im Grundgesetz festgelegt sind. Diese beinhalten u.a. nach Art. 1 Abs. 1 die Unantastbarkeit der menschlichen Würde, nach Art. 2 Abs. 1 das Recht auf freie Entfaltung der Persönlichkeit, nach Abs. 2 Abs. 2 das Recht auf Leben, körperliche Unversehrtheit und Freiheit oder nach Art. 6 Abs. 2 den Schutz bzw. des Staates bzw. des staatlichen Wächteramts bezüglich der Erziehung und Pflege.[52] Eine Abschiebung von unbegleiteten minderjährigen Geflüchteten ist nur unter einigen Umständen möglich, die in § 58 Abs. 1a des Aufenthaltsgesetztes definiert werden. Die Behörden müssen sich vor einer Abschiebung eines minderjährigen Geflüchteten vergewissern, dass dieser im Herkunftsland einem Familienmitglied, einer zur Personensorge berechtigten Person oder einer geeigneten Aufnahmeeinrichtung übergibt. Viele Jugendliche, die in die Bundesrepublik einreisen erhalten demnach häufig zunächst eine Bescheinigung über die Meldung eines*einer Asylsuchenden, welches jedoch zunächst kein offizieller Aufenthaltstitel ist sondern lediglich ein begrenzt gültiges Aufenthaltsdokument. Dieses bescheinigt bei einer Kontrolle lediglich, dass sich die Person nicht illegal in Deutschland aufhält und die Absicht hat, einen Asylantrag zu stellen. Diese Dokumente wurden in der Praxis bis 2018 ausgestellt, inzwischen erhalten die Jugendlichen eine Aufenthaltsduldung bzw. eine Aufenthaltsgestattung.[53] Eine Abschiebung wird durch den Erhalt einer Duldung ausgesetzt, was zur Folge hat, dass unbegleitete Kinder und Jugendliche meist bei sozialen Trägern untergebracht werden und bis zu ihrem 18. Lebensjahr zunächst ohne Angst vor einer Abschiebung leben können. Dieses Prozedere endet jedoch spätestens mit der Volljährigkeit nach deutschem Recht, welches mit 18 Jahren eintritt. Nur in seltenen Fällen kann die Hilfe über die Volljährigkeit hinaus verlängert werden. Damit geht einher, dass spätestens zu diesem Zeitpunkt ein Asylantrag gestellt werden sollte, jedoch nicht muss. Eine weitere Möglichkeit, die jedoch relativ selten eintritt, besteht durch den Erhalt einer

---

[51] vgl. Hargasser, ebd., S. 73

[52] Grundgesetz für die Bundesrepublik Deutschland: http://www.gesetze-im-internet.de/gg/GG.pdf, 2020, [02.11.2020]

[53] Praxiserfahrung in einem sozialpädagogischen Träger

Aufenthaltserlaubnis, welche meist für mehrere Jahre gültig ist.[54] Im Gegensatz zu einer Aufenthaltserlaubnis wird eine Duldung nur um sechs bis maximal zwölf Monate verlängert und definiert, dass die Person die Bundesrepublik innerhalb dieses Zeitraumes verlassen muss. Erfahrungsgemäß sind sich die Jugendlichen durch Gespräche mit ihren Betreuer*innen über ihre Lage im Klaren und wissen, dass der Schutzstatus über das 18. Lebensjahr nicht hinausgehen wird. In der Folge versuchen die Jugendlichen über den meist noch verpflichtenden Schulbesuch einen Abschluss zu erlangen, um schnellstmöglich eine Ausbildung zu beginnen oder eine ausbildungsvorbereitende Maßnahme zu besuchen. In den meisten Fällen wird eine Aufenthaltsduldung bis zum Ausbildungsende verlängert und Abschiebungen werden in diesem Zeitraum nur in den wenigsten Fällen vollzogen.[55]

Während viele Vormünder*innen sowie staatliche Organisationen darauf pochen, schnellstmöglich einen Asylantrag zu stellen, raten soziale Dienste und Nichtregierungsorganisationen, die sich mit unbegleiteten minderjährigen Geflüchteten befassen, dazu, mit einem Asylantrag zu warten da es den Jugendlichen häufig schwerfällt, Asylgründe geltend zu machen bzw. während der Anhörung beim BAMF nachvollziehbar zu machen. In der Praxis wird deshalb meist ein Asylantrag, kurz vor der Volljährigkeit gestellt – hierfür ist der*die Vormünder*in noch zuständig. Das BAMF geht sogar einen Schritt weiter und rät im Sinne des Kindeswohls in vereinzelten Fällen dazu, von einem Asylantrag abzusehen, da auch ohne Antragstellung Abschiebungsverbote geltend gemacht werden können und die betroffenen Personen damit in Deutschland bleiben – zumindest vorübergehend. Dann jedoch ist nicht das BAMF zuständig, sondern die Ausländerbehörde vor Ort. Nach Absprache mit dem zuständigen Jugendamt und dem sozialen Träger, bei dem die betroffen Jugendlichen im sogenannten Clearingverfahren untergebracht sind, wird in der Regel eine Aufenthaltsduldung ausgestellt und später entschieden, ob ein Asylantrag gestellt werden soll.[56] In der Praxis kommt es jedoch so gut wie kaum vor, dass ein Jugendlicher, der in Besitz einer Aufenthaltsduldung ist, im Anschluss keinen Asylantrag stellt.[57]

---

[54] vgl. Thomas et al., ebd., S. 76

[55] Praxiserfahrung in einem sozialpädagogischen Träger

[56] vgl. Parusel, ebd., 36

[57] Trägerinterne und nicht-öffentliche Statistik von unbegleiteten minderjährigen Geflüchteten des Trägers Vielfalt e.V.

Wenn ein Asylantrag schließlich gestellt wird, so wird das Vorliegen von politischer Verfolgung, die Voraussetzungen für die Gewährung des Flüchtlingsschutzes und das Vorliegen von Abschiebungsverboten vom BAMF geprüft. Die Person erhält durch die Antragstellung zudem den Titel einer Aufenthaltsgestattung, die den Antragsteller*innen im Zeitraum des Asylverfahrens einen rechtmäßigen Aufenthalt gestattet.[58] Während des Asylverfahrens müssen alle Mitgliedstaaten der Europäischen Union die besonderen Bedürfnisse von unbegleiteten minderjährigen Geflüchteten sowie das Kindeswohl beachten. Zu diesen Vorschriften gehört die Benennung einer Vertretungsperson, die Pflicht für die Asylbehörde, die Anhörung beim BAMF von Bediensteten durchführen zu lassen, die in ihrem Beruf speziell mit unbegleiteten Geflüchteten vertraut sind und bei Bedarf medizinische Untersuchungen bezüglich einer Altersfeststellung veranlassen können.[59] Durch das Asylverfahrensgesetz, das Aufenthaltsgesetz, das SGB VIII und die Behandlungsweise von jungen Geflüchteten des BAMFS entspricht das deutsche Recht diesen Vorgaben in allen notwendigen Punkten.

Nach Art. 17 Abs.1a der Verfahrensrechtlinien müssen Mitgliedstaaten so bald wie möglich eine*n Vertreter*in für das Asylverfahren bereitstellen. Die Vertretungsperson vertritt und unterstützt den*die Jugendliche*n während des Asylantrags. Das deutsche Recht kommt diesen Forderungen nach und stellt eine Vertretungsperson in Form des*der Vomünder*in zur Verfügung. Diese Regelungen trifft vor allem bei unter 16-jährigen Geflüchteten zu, doch auch für 17- und 18-jährigen muss nach § 42 SGB VIII ein Vormund bestellt werden, auch wenn die nach Art. 17 Abs. 3 der oben genannten Verfahrensrichtlinien besagen, dass von den Richtlinien abgewichen werden kann, wenn 16- und 17-jährige als asylverfahrensfähig angesehen werden können. Diese Regelungen betreffen außerdem das im späteren Verlauf mögliche verwaltungsrechtliche Aufenthaltsverfahren bei der Ausländerbehörde.[60]

Wird nach Prüfung des Asylantrags festgestellt, dass aus verschiedenen Gründen eine Anerkennung als politischer Geflüchteter nach § 16a Abs. 1 GG nicht möglich ist, so gibt es dennoch Alternativen, um eine Abschiebung in das Herkunftsland,

---

[58] vgl. Parusel, ebd., S. 38 u. S. 50

[59] vgl. Art. 17 der Rechtlinie 2005/85/EG des Rates vom 1. Dezember 2005 über Mindestnomen für Verfahren in den Mitgliedstaaten zur Zuerkennung und Aberkennung der Flüchtlingseigenschaft

[60] vgl. Parusel, ebd., S. 39

zumindest zunächst, zu vermeiden. Ein Abschiebeverbot liegt dann vor, wenn dem*der Betroffenen im Heimatland ernsthafte Schäden oder andere schwerwiegende Gefahren für Freiheit, Leib und Leben drohen – diese Form des Schutzes wird als subsidiärer Schutz definiert. Trotz einer Ablehnung des Asylantrages wird durch die Vorschriften das Asylverfahrensgesetzes sowie den Richtlinien der Genfer Flüchtlingskonvention automatisch geprüft, ob nicht Gründe für ein Abschiebeverbot vorliegen. Somit kann ein*e Asylbewerber*in ebenfalls vorläufig das Aufenthaltsrecht erlangen.[61]

4.1.2 Das Dublin-Verfahren

Unbegleitete minderjährige Geflüchteter stellen selbst oder gemeinsam mit dem*der Vormünder*in einen Asylantrag – wie oben beschrieben, sofern dies gewünscht ist. Dieser Antrag wird beim zuständigen BAMF eingereicht. Das BAMF prüft im Rahmen des sogenannten Dublin-Verfahrens, ob die Bundesrepublik Deutschland das zuständige Land für die Prüfung ist. Sollte der*die Jugendliche in einem anderen Mitgliedstaat der Europäischen Union einen Asylantrag gestellt haben, so ist das Erstaufnahmeland für die weitere Bearbeitung verantwortlich. Zudem wird geprüft, ob es sich bei dem dem*der Antragsteller*in tatsächlich um eine*n unbegleitete*n minderjährige*n Geflüchtete*n handelt, der*die ohne Begleitung nach Deutschland eingereist ist bzw. nach der Einreise ohne Begleitung gelassen wurde.[62]

Seit 2013 besteht die inzwischen dritte Auflage des Dublins-Verfahren und beinhaltet im Gegensatz zu den Dublin-I- und Dublin-II-Verordnungen eine Verbesserung für junge unbegleitete geflüchtete Personen. Im Rahmen der ersten bzw. zweiten Auflage der Dublin-Verordnung wurden Asylantragsteller*innen beispielsweise nicht über die Einleitung und das Ergebnis des Überprüfungsverfahrens der Zuständigkeit unterrichtet. Außerdem konnte zwar gegen eine Ablehnung geklagt werden, jedoch hatte die Klage keine aufschiebende Wirkung, was zur Folge hatte, dass Menschen ständig zwischen EU- und Nicht-EU-Staaten hin und her geschoben wurden, sich dadurch über Jahre in einer Warteschlange befanden und ständig in der Angst leben mussten, jederzeit wieder abgeschoben werden zu können. Ein neues Leben in einem neuen Land war somit faktisch unmöglich. Dieses Prozedere ist durch die dritte und gleichzeitig neuste Auflage abgeschafft worden. Seit 2014

---

[61] vgl. Parusel, ebd., S. 39
[62] ebd.

genießen vor allem unbegleitete minderjährige Geflüchtete die Möglichkeit, subsidiären Schutz zu erhalten. Dies hat zur Folge, dass die Klärung der Zuständigkeit noch mehr Vorrang hat als bisher. Eine vorschnelle Abschiebung wird außerdem durch weitere schützende Aspekte vermieden. So steht einerseits das Kindeswohl wie noch nie zuvor im Mittelpunkt des Asylverfahrens, außerdem ist eine Prüfung hinsichtlich einer Familienzusammenführung erforderlich. Zudem fließt das allgemeine Wohlergehen, die soziale Entwicklung, die allgemeinen Sicherheitserwägungen sowie die Ansichten des*der betroffenen Jugendlichen mit ein. Die Suche nach möglichen Familienangehörigen und eine dadurch einleitende Familienzusammenführung soll durch die EU-Mitgliedstaaten aktiv angegangen werden. Sollte es zu einer Familienzusammenführung kommen, so ist das Land zuständig, in dem die Familie bzw. die Verwandten oder Geschwister leben – vorausgesetzt das Wohl des Kindes bzw. des*der Jugendlichen ist dort nicht gefährdet.[63] Umgekehrt bedeutet dies, dass Deutschland ebenso verpflichtet sein kann, einen unbegleiteten minderjährigen Geflüchteten aus einem anderen EU-Mitgliedstaat aufzunehmen, sofern sich die Familienangehörigen in der Bundesrepublik rechtmäßig aufhalten.[64] Leider funktioniert dieses Prinzip nicht immer so, wie es die Gesetzgebung vorsieht. Durch eine Studie des Hessischen Flüchtlingsrat wurde festgestellt, dass diese Dublin-Anordnung häufig absichtlich nicht angewendet wird. Überstellte Asylbewerber*innen, die in Form einer Familienzusammenführung in ein anderes Land einreisen dürfen, erhalten teilweise kein faires Asylverfahren. Jugendämter lehnen eine Fallübernahme ab, wodurch eine Familienzusammenführung somit auch innerhalb Deutschlands zu einem Problem werden kann. Häufig gestalten sich die Verfahren der Familienzusammenführung als schwierig – noch komplizierter sind diese, wenn es um Zusammenführung aus dem Ausland sind. Hier finden genaue Überprüfungen des Lebensunterhalts und der Verfügbarkeit von ausreichendem Wohnplatz statt und stellen eine bürokratische Hürde dar, wodurch sich dieser Prozess oftmals bis zu mehreren Monaten ziehen kann.[65] Innerhalb der Europäischen Union bzw. im Europäischen Wirtschaftsraum ist festzustellen, dass diese Praktiken nur vereinzelt Anwendung finden. So geht aus der Studie hervor, dass die Behörden in Polen, Litauen, Norwegen und Finnland sich um

---

[63] vgl. Hargasser, ebd., S. 69

[64] vgl. Parusel, ebd., S. 39

[65] vgl. Bericht der Bundesregierung zu dem Gesetz zur Verbesserung der Unterbringung, Versorgung und Betreuung ausländischer Kinder und Jugendlicher gem. § 42e SGB VIII – Die Situation unbegleiteter Minderjähriger in Deutschland, 2019

die Betroffenen engagieren und mit relevanten Informationen versorgen. Diese Länder haben die Bedürfnisse sukzessiv an die Bedürfnisse der Kinder und Jugendlichen angepasst.[66] In Deutschland ist dies primär durch Nichtregierungsorganisationen der Fall, die diese sich sehr für junge Geflüchtete einsetzen.

Ein weiterer wichtiger Faktor im Asylverfahren ist die Sensibilisierung der Sachbearbeiter*innen im BAMF. Mit den 22 Außenstellen verfügt das BAMF über Sonderbeauftragte für das Asylverfahren, die im Umgang mit unbegleiteten minderjährigen Geflüchteten besonders geschult sind. Deutschland entspricht damit der Vorgabe von Art. 17 der Verfahrensrechtlinie, die besagt, dass Mitgliedstaaten sicherstellen müssen, dass eine Asylanhörung von unbegleiteten Geflüchteten nur durchgeführt werden können, wenn der*die Sachbearbeiter*in die nötigen Kenntnisse in dieser Thematik verfügt. Hierzu gehört u.a. die Vermittlung von kulturspezifischem Wissen, das Erkennen von möglichen Hinweisen auf extrem belastete Minderjährige oder das Sicherstellen von kinder- und jugendgerechter Gestaltung der Anhörung. Im Gegensatz zu Anhörungen bei erwachsenen Geflüchteten verläuft eine Asylanhörung bei minderjährigen Geflüchteten weniger formal. Sachbearbeiter*innen sollten sensibel auf die charakteristischen Bedürfnisse eingehen. Zudem besteht für die jungen Geflüchteten die Option, eine*n Vormünder*in, teilweise auch eine*n Betreuer*in zur Anhörung mitzubringen.[67] In der Praxis konnte festgestellt werden, dass diese Verfahren nur selten so umgesetzt werden und Asylanhörungen trotz der Verfahrensrichtlinien weniger jugendgerecht ablaufen. So waren nur in den seltensten Fällen Sachbearbeiter*innen während einer Asylanhörung auf Kinder bzw. Jugendliche spezialisiert, auch wurden terminliche Rahmen häufig nicht eingehalten, es kam ständig zu neuen Anhörungen und langen Wartezeiten von bis zu acht Stunden vor der Anhörung. So verbachten die betroffenen Jugendlichen oftmals bis zu 12 Stunden beim BAMF. Während einige Minderjährige ihre Vormünder*innen zur Anhörung mitbringen durften, konnten andere, die zum Zeitpunkt der Anhörung bereits volljährig waren keine Gäste als Unterstützung einladen und waren während des gesamten Interviews auf sich alleine gestellt. Ebenso willkürlich verliefen zudem oftmals das Hinzuziehen von Dolmetscher*innen bzw. Sprachmittler*innen.[68] Generell lässt sich sagen, dass die Dublin-III-Verordnung zwar einige Verbesserungen mit sich bringt, die strukturellen Defizite

---

66 vgl. Hargasser, ebd., S. 70
67 vgl. Parusel, ebd., S. 40-41
68 Praxiserfahrung in einem sozialpädagogischen Träger

jedoch nicht behoben werden. Noch immer gibt es in der Europäischen Union keine einheitliche Verteilung von Geflüchteten und weiterhin gibt es keine Standards im Verfahren und in der Schutzgewährung für geflüchtete Kinder und Jugendliche. Dies widerspiegelt sich in einer Umfrage der UNHCR deutlich: Während unbegleitete minderjährige Geflüchtete aus Afghanistan in Belgien eine Anerkennungsquote von 62% haben, beträgt die Quote in Deutschland nur 17,8%.[69] Für die Zukunft wird es essenziell sein, dass die EU-Mitgliedstaaten noch enger zusammenarbeiten und eine faire Aufteilung der geflüchteten Kinder und Jugendliche stattfindet. Dabei muss bedacht werden, dass Länder wie Griechenland oder Spanien, in denen aufgrund der Fluchtrouten im Vergleich viele Geflüchtete ankommen, entlastet werden müssen und andere Mitgliedstaaten wiederum mehr Geflüchtete aufnehmen. Zudem müsste ein möglichst einheitliches Asylverfahren eingeführt werden, um somit das Kindeswohl zu schützen und eine mögliche Familienzusammenführung zu vereinfachen.

4.1.3 Das Kinder- und Jugendhilfegesetz

Im folgenden Kapitel soll anhand des Kinder- und Jugendhilfegesetzes der strukturelle Rahmen für unbegleitete minderjährige Geflüchtete dargestellt werden. Unter dem Begriff der Kinder- und Jugendhilfe werden in Deutschland sämtliche Leistungen definiert, die Kinder und Jugendliche sowie deren Familien betreffen. Die Kinder- und Jugendhilfe, wie Sie in heutiger Form besteht, hat ihren Ursprung in der Jugendwohlfahrt. Erst im Jahr 1991 veränderte sich das Gesetz, wodurch das Kinder- und Jugendhilfegesetz im SGB VIII eingeführt wurde. Das Kinder- und Jugendhilfegesetz trennt seine Hilfeformen in vier Altersklassen: Kinder (0 bis unter 14 Jahren), Jugendliche (von 14 bis unter 18 Jahren), Heranwachsende (18 bis unter 21 Jahren sowie junge Volljährige (von 18 bis unter 27 Jahren). Durch den Leitspruch nach § 1 SGB VIII „Jeder junge Mensch hat ein Recht auf Förderung seiner Entwicklung und auf Erziehung zu einer eigenverantwortlichen und gemeinschaftlichen Persönlichkeit" verfolgt die Kinder- und Jugendhilfe das Ziel, die Unterstützung zur Verwirklichung der Rechte von Kindern und Jugendlichen zu verwirklichen. Dies soll durch die Förderung der individuellen und sozialen Entwicklung sowie durch Vermeidung und Abbau von Benachteiligung umgesetzt werden.[70]

---

[69] vgl. Hargasser, ebd., S. 71
[70] Sozialgesetzbuch (SGB) – Achtes Buch (VIII), § 1, Abs. 1-3

Zwar lässt sich vermuten, dass die in den vorherigen Kapiteln angesprochenen Asyl- und Aufenthaltsgesetzen mit dem Kinder- und Jugendhilfegesetz kollidieren, tatsächlich sind sie jedoch, zumindest bis zu einem bestimmten Grad, aufeinander angewiesen. Beide Rechtsgebiete sind in ihren Entscheidungen verpflichtet, das Kindeswohl zu schützen.[71] Das Kinder- und Jugendhilfegesetz unterscheidet nicht zwischen Staatsangehörigkeiten oder ausländerrechtlichem Status – es gilt grundsätzlich auch für alle ausländischen Kinder und Jugendliche. Somit werden alle Aufgaben, vor allem jedoch Inobhutnahmen nach § 42, vorläufige Inobhutnahmen nach § 42a, Vollzeitpflege nach § 33 und „Heimerziehung und sonstige betreute Wohnformen nach § 34 auch für unbegleitete minderjährige Geflüchtete erfüllt.[72] Diese Paragraphen sind in der Praxis gleichzeitig die Relevantesten. Im Bereich der Förderung junger Menschen ist das SGB VIII nur eingeschränkt für unbegleitete minderjährige Geflüchtete, die im Besitz einer Aufenthaltsgestattung sind, gültig, wobei bei minderjährigen Geflüchteten davon ausgegangen wird, dass sie einen gewöhnlichen Aufenthalt in Deutschland haben.[73] Dies hängt vor allen Dingen damit zusammen, da minderjährige Geflüchtete meist für eine längere Zeit in Deutschland bleiben und zunächst von Abschiebungspraktiken verschont bleiben. Bei Jugendlichen, die bereits volljährig sind, kann die Situation differenzierter aussehen. Aufgrund ihrer Volljährigkeit fallen sie nicht mehr in den Schutzbereich des Haager Kinderschutzübereinkommens, wodurch für sie § 6 Abs. 2 SGB VIII gilt. Sie haben demnach nur dann einen Anspruch auf Hilfe, wenn sie sich rechtmäßig oder aufgrund einer ausländerrechtlichen Duldung im Land aufhalten. Wie alle anderen Geflüchteten müssen sie ebenfalls ihren gewöhnlichen Aufenthalt in Deutschland haben.[74] Keinen Anspruch auf Hilfe nach dem Kinder- und Jugendhilfegesetz haben Geflüchtete, die sich illegal im Land aufhalten und nicht registriert sind.[75]

Die Kinder- und Jugendhilfe verfolgt im ersten Schritt immer den Gedanken, dass Kinder und Jugendliche die Möglichkeit bekommen, in der eigenen Familie aufzuwachsen. Dies zeigt sich vor allem in den einzelnen Paragraphen §§ 16 – 21 sowie

---

[71] vgl. Schwarz, Ulrike; Tamm, Anne in: Kinderflüchtlinge. Theoretische Grundlagen und berufliches Handeln, Wiesbaden: VS Verlag für Sozialwissenschaften, 2010, S. 37

[72] vgl. Ministerium für Familie, Kinder, Jugend, Kultur und Sport des Landes Nordrhein-Westfalen: Jugend. Handreichung zum Umgang mit unbegleiteten minderjährigen Flüchtlingen in Nordrhein-Westfalen, Düsseldorf, 2017, S. 7

[73] vgl. Schwarz et al., S. 38

[74] vgl. Ministerium Nordrhein-Westfalen, ebd., S. 7

[75] vgl. Schwarz et al., ebd., S. 38

§§ 27ff., die primär darauf abzielen, Angebote zur Förderung der Erziehung in der Familie sowie Hilfen zur Erziehung anzubieten. Zudem steht das Jugendamt in der Verpflichtung, dem*der Jugendlichen eine*n Amtsvormünder*in zur Verfügung zu stellen, sofern sich keine private Person als Vormünder*in finden lässt. Nach § 1779 Abs. 2 BGB sind bei der Auswahl der Vormünder*innen sogar ausdrücklich Verwandtschaften und Familienangehörige des*der minderjährigen Geflüchteten bevorzugt zu berücksichtigen. Ziel der Jugendhilfe muss es demnach sein, unbegleitete minderjährige Geflüchtete bei der Suche nach Familienangehörigen zu unterstützen und ihnen ggf. die Möglichkeit bieten, eine Weiter- oder Rückwanderung zu organisieren.[76]

Während bis zum Jahr 2005 unbegleitete minderjährige Geflüchtete im SGB VIII keine besondere Erwähnung fanden, obwohl auch in dieser Zeit die Vorschriften für diese Kinder und Jugendlichen galten, so kam es bei der Zielgruppe der 16- und 17-jährigen häufig zu Unsicherheiten. Erst durch die Veränderungen der Gesetze im SGB VIII und der dadurch festgelegten Weiterentwicklung der Kinder- und Jugendhilfe wurden die Zuständigkeiten für minderjährige Geflüchtete gesondert aufgeführt.[77] Deutschland hatte im Zuge des Weltkindergipfels von New York im Jahr 2002 die Verpflichtung unterschrieben, einen nationalen Aktionsplan zu erarbeiten. Dieser bestand vor allem daraus, die Situation von unbegleiteten minderjährigen Geflüchteten zu verbessern. Insbesondere die Inobhutnahme nach Ankunft der Jugendlichen, die Bestellung des*der Vormund*in, das Clearingverfahren und die darauffolgende altersgerechte Unterbringung in verschiedenen Wohnformen sollte überarbeitet werden und stets im Sinne der betroffenen Kinder und Jugendlichen verlaufen.[78] Diese Merkmale der Kinder- und Jugendhilfe sollen in den nun folgenden Unterkapiteln definiert werden um somit einen genaueren Überblick geben zu können, mit welchen Gegebenheiten unbegleitete minderjährige Geflüchtete nach ihrer Ankunft in Deutschland konfrontiert werden. Zwar können diese je nach Alter, Herkunft und der Situation im Heimatland verschieden sein, in der Regel sind diese Strukturen klar definiert, wodurch jede*r minderjährige

---

[76] ebd., S. 39

[77] vgl. Tangermann, Julian; Hoffmeyer-Zlotnik, Paula: Unbegleitete Minderjährige in Deutschland. Herausforderungen und Maßnahmen nach der Klärung des aufenthaltsrechtlichen Status. Working Paper 80. Nürnberg: Bundesamt für Migration und Flüchtlinge. 2018, S. 25

[78] vgl. Tangermann et al., ebd., S. 25

Geflüchtete, der ohne Eltern oder Erziehungsberechtigte einreist, dieses Prozedere in der Kinder- und Jugendhilfe durchlaufen muss.

4.2 Die Kinder- und Jugendhilfe

4.2.1 Das Inobhutnahmeverfahren

Unbegleitete minderjährige Geflüchtete werden nach ihrer Ankunft in Deutschland nach § 42 SGB VIII zunächst in die Obhut des Staates genommen, sofern keine Familie oder Familienmitglieder im Land wohnhaft sind, die diese Aufgabe ausüben könnten: In Absatz 1 Satz Nr. 3 wird erwähnt, dass alle unbegleiteten ausländischen Kinder und Jugendlichen vom Jugendamt in Obhut zu nehmen sind. Dies wird per Gesetz damit begründet, da das Kindeswohl dann in Gefährdung ist, wenn sich ein Kind ohne Sorgeberichtigen in Deutschland aufhält. Bei dieser Art der Inobhutnahme entfällt die Prüfung einer konkreten Kindeswohlgefährdung wie sie sonst vor allem bei deutschen Kindern und Jugendlichen in Problemlagen stattfindet.[79] Das Jugendamt ist demnach sowohl berechtigt als auch verpflichtet, ein geflüchtetes Kind ohne seine Eltern in Obhut zu nehmen, ohne dabei den Willen des Kindes zu berücksichtigen. Im ersten Stadium einer Inobhutnahme ist nach § 42a SGB VIII auch von einer sogenannten vorläufigen Inobhutnahme die Rede. Die zentrale Aufgabe besteht darin, zu prüfen, ob eine Verteilung der Jugendlichen vorgenommen werden kann. Das Jugendamt hat zudem die Möglichkeit, die vorläufige Inobhutnahme beispielsweise hinsichtlich einer Unterbringung auszugestalten. Primär jedoch hat das Jugendamt während einer vorläufigen Inobhutnahme folgende Aufgaben:[80]

Nach § 42 SGB VIII muss das zuständige Jugendamt im Prozess der vorläufigen Inobhutnahme das Alter des*der Geflüchteten feststellen. Dies geschieht entweder durch die Feststellung anhand von Ausweisen, die die Jugendlichen mit sich führen oder, sollten wie in der Praxis häufig der Fall ist, keine Papiere vorliegen die zur Altersfeststellung führen, so soll eine qualifizierte Inaugenscheinnahme stattfinden. Dabei handelt es sich um eine Gesamtwürdigung des Eindrucks einer Person, bestehend aus dem äußeren Erscheinungsbild sowie dem Erstgespräch. In der

---

[79]   vgl. Schwarz et al., ebd., S. 39

[80]   vgl. Ministerium Nordrhein-Westfalen, ebd., S. 14

Regel wird dazu ein Fragebogen angewendet. Der*die Jugendliche darf bei einer Inaugenscheinnahme eine Person seines Vertrauens hinzuziehen. [81]

Sollten im weiteren Verlauf der Inobhutnahme weiterhin Zweifel am Alter bestehen, kann das Jugendamt eine ärztliche Untersuchung anordnen. Der*die betroffene Jugendliche muss hierbei über den Verlauf einer solchen Untersuchung aufgeklärt werden – außerdem hat er*sie ebenfalls die Möglichkeit, einen Alterstest zu beantragen. Der*die Jugendliche hat außerdem jederzeit die Möglichkeit, eine Altersprüfung durch eine*n Ärzt*in zu verweigern, dies wiederum führt nicht automatisch zu der Annahme, dass der*die Jugendliche volljährig ist. Über eine Minder- bzw. Volljährigkeit entscheidet im Falle einer Verweigerung letztlich die Inaugenscheinnahme. Im Zweifel wird immer zugunsten des*der Betroffenen entschieden, was wiederum bedeutet, dass das Jugendamt für den weiteren Verlauf der Jugendhilfe davon ausgeht, dass der*die Jugendliche minderjährig ist. Das Jugendamt steht während des gesamten Verfahrens in der Pflicht, zu dokumentieren, wieso von einer Minder- bzw. Volljährigkeit ausgegangen wird. Sollte keine ärztliche Untersuchung stattfinden, so wie es in den meisten Fällen der Fall ist, so trägt das Jugendamt die Verantwortung für seine Entscheidung. Besonders pikant ist dabei, dass nicht eindeutig geklärt ist, von welchen Fachkräften des Jugendamtes die Alterseinschätzung vorgenommen werden soll. Die Entscheidung, wer die Alterseinschätzung vornimmt, liegt in der Hoheit des jeweiligen Jugendamtes.[82] Kommt es im weiteren Verlauf zu einer Aufnahmepflicht, muss das Jugendamt handeln und innerhalb von drei Tagen eine Erstmeldung mit allen besonderen Bedarfen des*der Jugendlichen melden. Durch das sogenannte Erstscreening wird außerdem geprüft, ob das Kindeswohl durch das Verteilungsverfahren gefährdet wird, ob eine Familienzusammenführung möglich ist und der Gesundheitszustand des*der Jugendlichen für das folgende Verteilungsverfahren stabil ist. Zudem wird das Kindeswohl geprüft. Sollten psychische oder physische Krankheiten vorliegen, so muss eine Verteilung gestoppt werden. Auch bei Infektionskrankheiten muss eine Verteilung zunächst ausgesetzt werden, bis keine Symptome auftreten. Bei der Aufnahmepflicht ist es wichtig, dass stets die individuellen Umstände in Betracht gezogen werden.[83]

---

[81] ebd., S. 14

[82] ebd., S. 14-15

[83] vgl. Ministerium Nordrhein-Westfalen, ebd., S. 15

Hat das Jugendamt seine Aufnahmepflicht noch nicht erfüllen können, so muss zunächst geprüft werden, ob eine Familienzusammenführung möglich ist. Sollte dies möglich sein, so ist der*die Jugendliche vom Verteilungsverfahren ausgeschlossen. Besteht die Möglichkeit einer Familienzusammenführung nicht, so wird der*die betroffene Jugendliche vom Jugendamt vorläufig in Obhut genommen. Das Jugendamt steht dadurch in der Pflicht, eine geeignete Fachkraft des Jugendamtes bzw. eines freien Trägers zur Verfügung zu stellen – dadurch soll ein möglichst unkomplizierter Wechsel zu einem*r Vormünder*in stattfinden.[84]

Während der Inobhutnahme muss jede*r minderjährige Jugendliche, der*die unbegleitet nach Deutschland einreist, erkennungsdienstlich untersucht werden. Das sogenannte ED-Verfahren erfolgt bei allen Jugendlichen, die mindestens vierzehn Jahre alt sind. Von Kindern, die noch nicht vierzehn Jahre alt sind, wird lediglich ein Passfoto gemacht. Die ED-Begleitung erfolgt völlig unabhängig davon, ob bereits ein Asylantrag gestellt worden ist oder nicht – die Ausländerbehörde spielt dabei zunächst also keine Rolle. Sie erfährt vom Jugendamt nur die Information, dass der*die Jugendliche vorläufig in Obhut genommen worden ist. Das Jugendamt sammelt anhand der Behandlung möglichst viele Informationen über den*die betroffene Jugendliche. Hierzu gehört der Name, das Geschlecht, das Geburtsdatum, die Staatsangehörigkeit, der Familienstand, verschiedene Informationen zu Familienangehörigen, Einreisedatum und sofern vorhanden mitgebrachte Identitätsdokumente. Zudem wird ebenfalls ein Passfoto geschossen sowie Fingerabdrücke genommen.[85] Sollten alle relevanten Daten erfasst worden sein, folgt auf die Inobhutnahme das Verteilungsverfahren. Sollte das Bundesland, in dem*die Jugendliche vorläufig in Obhut genommen worden ist, seine Kapazitäten bereits ausgeschöpft haben, so wird nach dem Königsteiner Schlüssel entschieden, in welchem Bundesland der*die Jugendliche aufgenommen werden kann.[86] Die vorläufige Inobhutnahme endet, wenn der*die Jugendliche an die Personensorge- oder Erziehungsberechtigten oder an das zuständige Jugendamt übergeben wird, die den weiteren Verlauf im Kinder- und Jugendhilfesystem klärt. Außerdem kann die Inobhutnahme dann enden, wenn während der Altersfeststellung deutlich wird, dass es sich um keine minderjährige Person handelt. In Extremfällen, wenn der*die

---

84 ebd.

85 vgl. Ministerium Nordrhein-Westfalen, ebd., S. 16-17

86 vgl. Stumberger, Rudolf: Flüchtlinge verstehen. Wer sie sind, was sie von uns unterschiedet und was für uns bedeutet. München: Riva Verlag, 2016

Jugendliche sich der Betreuung des Jugendamtes beispielsweise entzieht und mit den Behörden nicht kooperiert, so kann aufgrund mangelnder Aufsichtspflicht des Jugendamtes die Inobhutnahme abgebrochen und beendet werden.[87] Hierzu muss jedoch erwähnt werden, dass diese Praktiken in dieser Form kaum bis überhaupt nicht angewendet werden.

4.2.2 Das Clearingverfahren

Sobald die vorläufige Inobhutnahme abgeschlossen ist und der*die Jugendliche an das zuständige Jugendamt übergeben worden ist oder das Aufnahmejugendamt letztlich selbst verantwortlich ist, beginnt der Prozess der regulären Inobhutnahme und das Clearingverfahren, welches im Folgendem näher erläutert werden soll.[88] Die Clearingphase hat die Aufgabe, die Bedarfe und Bedürfnisse der unbegleiteten minderjährigen Geflüchteten zu ermitteln, um den weiteren Hilfeprozess planen zu können.[89] Eine festgelegte Zeitspanne besteht nicht, jedoch werden in der Regel pro Jugendliche*n etwa drei Monate benötigt. Im Fokus stehen während des Clearingverfahrens die Gesundheitsprüfung, Prüfung einer möglichen Kindeswohlgefährdung, Vormundschaft sowie ausländerrechtliche Fragen. Aber auch die Einschätzung des Entwicklungsstandes in körperlichen, kognitiven und psychischen Blickwinkeln sowie eine mögliche Familienzusammenführung werden dabei geklärt, sofern alle relevanten Informationen zur Verfügung stehen.[90] Eine umfangreiche Perspektivklärung, die Biographiearbeit, die aufenthaltsrechtliche Situation, eine umfangreiche Klärung über die bisherigen Lebensumstände, die Klärung der Möglichkeiten zum Spracherwerb und zur Beschulung sowie die Entscheidung über die Hilfen zur Erziehung in der Kinder- und Jugendhilfe runden das Clearingverfahren ab und leiten in der Regel den Einstieg in den darauffolgenden jugendhilferechtlichen Hilfeprozess ein.[91] Neben der Bedarfsklärung steht für die unbegleiteten minderjährigen Geflüchteten immer die individuelle Situation und das Sicherstellen von Schutzräumen im Vordergrund. Diese dienen dazu, sich nach der meist langen Flucht erholen zu können. Das Clearingverfahren findet auch dann

---

[87] vgl. Tangermann, Julian; Hoffmeyer-Zlotnik, Paula, ebd., S. 26-27

[88] ebd.

[89] vgl. Steinbüchel, Antje: Zum Umgang mit unbegleiteten minderjährigen Flüchtlingen, https://www.lvr.de/media/wwwlvrde/jugend/jugendmter/rechtlicheberatung/dokumente 82/Zum Umgang mit unbegleiteten minderjaehrigen Fluechtlingen.pdf, 2013. [16.11.2020]

[90] vgl. Thomas et al.: ebd., S. 91

[91] vgl. Tangermann et al., ebd., S. 27-28

statt, wenn das Familiengericht noch keine rechtliche Vertretung für den*die Jugendliche*n zugeteilt hat – ein*e Vormünder*in muss also während des Klärungsprozess nicht anwesend sein, sie muss jedoch im Hilfeverlauf rechtzeitig hinzugezogen werden. Deutlich wichtiger ist hingegen der Einsatz von internen bzw. externen Dolmetscher*innen oder Sprach- und Sprachmittler*innen, um eine problemlose Kommunikation unter den Akteur*innen zu gewährleisten.[92] Die Rahmenbedingungen für das Clearingverfahren sind ein weiterer, essentieller Faktor. So sollten nur Fachkräfte des Jugendamtes mit speziellen Kenntnissen über unbegleitete minderjährige Geflüchtete für den*die Jugendliche zuständig sein. Ob das Verfahren in sogenannten Clearingstellen stattfindet oder in anderen Einrichtungen mit anderen Settings durchgeführt wird, spiel zunächst keine Rolle. Die Ziele, Aufgaben, Inhalte und Anforderungen sollten sich unabhängig von der Unterbringungsform nicht unterscheiden. Obwohl die Clearingverfahren meist in speziellen Ersteinrichtungen stattfinden, in denen die Jugendlichen oftmals ein eigenes Zimmer beziehen können, kann eine mobile Form des Clearingverfahrens stattfinden. Dies ist meist dann der Fall, wenn Jugendliche bei Familienangehörigen wohnen. Die Fachkräfte des Jugendamtes oder die vom Jugendamt zugeordneten pädagogischen Fachkräfte haben dabei die Aufgabe, die Familienangehörigen in alle weiteren Verfahrensschritte zu integrieren.[93]

Da das Jugendamt nach § 42 SGB VIII in der Pflicht steht, unverzüglich einen Asylantrag zu stellen, wird das Spannungsverhältnis zwischen dem Asylrecht und der Kinder- und Jugendhilfe deutlich. Trotz des Schutzauftrags des Jugendamtes, welches sich in erster Linie ausschließlich um das Kindeswohl kümmert und darum bemüht ist, dem*der Jugendlichen zunächst eine sichere Zukunft zu bieten und den Geflüchteten einen Rahmen geben soll, um sich von den Fluchtstrapazen zu erholen, so wird doch eindeutig, dass das Jugendamt sich mit den Anforderungen des Staates in einem Zwiespalt befindet. Die Einschätzung darüber, ob den Betroffenen nach asylrechtlichen Maßstäben internationaler Schutz zusteht, ist für die Bleibeperspektive der Jugendlichen von großer Bedeutung. Es wäre sicherlich von Vorteil, wenn es zukünftig zu einer Trennung dieser Fachgebiete kommt und das Jugendamt in erster Linie den Schutzauftrag erfüllt. Eine Option für die Zukunft wäre ein asylrechtliches Clearing, das in Zusammenarbeit mit Anwält*innen durchgeführt wird, die speziell bei Angelegenheiten von unbegleiteten minderjährigen

---

[92] vgl. Ministerium Nordrhein-Westfalen, ebd., S. 18-19
[93] vgl. Ministerium Nordrhein-Westfalen, ebd., S. 18-19

Geflüchteten routiniert sind.[94] Ein weiterer Kritikpunkt am Clearingverfahren wird durch eine mehrjährige Studie deutlich: Häufig berichten Fachkräfte der Jugendämter, dass nicht der Clearingauftrag im Vordergrund stehe, sondern welche Unterbringung während des Clearingverfahrens für geeignet gilt. Die meisten Bundesländer stellen spezielle Clearingeinrichtungen für den Clearingprozess bereit, welche u.a. dafür geeignet sind, einen problemlosen Übergang zur nachfolgenden Unterbringung zu gestalten. In der Praxis können freie Träger, die geflüchtete Kinder und Jugendliche in ihren Wohngemeinschaften oder ähnlichen Wohnformen aufnehmen, das Clearingverfahren ebenfalls anbieten, sofern sie die Zulassung dafür beantragen. Hierfür muss das Personal jedoch vorweisen, dass es die dafür benötigen Qualifikation aufweisen kann, um alle relevanten Fragen während des meist über mehrere Wochen andauernde Clearing zu klären. Hier berichten einige Fachkräfte der Träger, dass sich das Personal intensiver auf die eigentlichen Aufgaben des Clearings, also u.a. den Hilfebedarf und die Anschlusshilfe, fokussieren kann. Zudem besteht der Vorteil, dass die Jugendlichen nach Beendigung des Clearings nicht erneut in eine neue Unterbringungsform umziehen müssen. In der Praxis besteht dieser problemlose Übergang vom Clearingverfahren beispielsweise in das betreue Jugendwohnen nur vereinzelt und wird meist doch durch einige Umzüge und Betreuer*innenwechsel geprägt, was sich negativ auf die Jugendlichen auswirken kann. Dennoch ist der Clearingprozess ein äußerst wichtiger Teil der Kinder- und Jugendhilfe, der als Einstieg in ein neues Lebenskapitel vieler Jugendlicher gilt, die unbegleitet nach Deutschland geflüchtet sind. Die optimale Form dieses Prozesses ist jedoch sicherlich noch aufbaufähig.[95]

Nachdem durch das Jugendamt der Gesundheitszustand des*der Jugendlichen ermittelt wurde und erste Interventionen vorgenommen wurden, eine erkennungsdienstliche Behandlung stattfand und in Form einer Sozialanamnese die ersten Informationen über den*die Jugendluchen gesammelt wurden und dabei Bedarfe und Perspektiven erarbeitet wurden, werden nunmehr die zwei primären Ziele der Kinder- und Jugendhilfe ausarbeitet: Die Bildung und Informationsvermittlung sowie der Beginn der Hilfeplanung – also der Übergang vom Clearingverfahren in eine Hilfeform nach den Leistungen der Jugendhilfe.[96] Um eine gelingenden

---

94   vgl. Thomas et al.: ebd., S. 92

95   vgl. Thomas et al.: ebd., S. 92

96   vgl. Bundesarbeitsgemeinschaft Landesjugendämter: Handlungsempfehlungen zum Umgang mit unbegleiteten Minderjährigen. 2. Fassung. Saarbrücken, 2017, S. 34

Integration von unbegleiteten minderjährigen Geflüchteten erfolgreich mitzuge-stalten, ist die Bildung und Informationsvermittlung von zentraler Bedeutung. Der regelmäßige Schulbesuch, der Spracherwerb sowie das Erlangen eines Schulab-schlusses und die Qualifizierung für einen Beruf werden schon nach kurzem Auf-enthalt in Deutschland angestrebt. Trotz dessen, dass in allen Bundesländern ge-rade bei Minderjährigen eine Schulpflicht besteht und von besonderer Wichtigkeit ist, kann sowohl von sozialpädagogischen Trägern, als auch durch Jugendämter be-obachtet werden, dass dabei noch viele Herausforderungen bestehen: Viele Kinder und Jugendliche können in ihrer Laufbahn keine Schulerfahrungen aufweisen. Dies betrifft vor allem Kinder und Jugendliche, die Kriegserfahrungen haben. Auch Ju-gendliche aus einigen afrikanischen Ländern (u.a. Guinea, Gambia, Senegal, Sierra Leona) bringen häufig keine oder nur sehr wenig Schulbildung mit. Zudem kommt die mehrmonatige Schulunterbrechung durch die meist lange Flucht hinzu. Eine weitere Problematik besteht darin, dass Schulbesuche oder gar Schulabschlüsse in den Heimatländern meist nicht belegt werden können und die Schulsysteme oft-mals nicht vergleichbar sind. Dadurch wird in der Regel davon ausgegangen, dass der*die Jugendliche einen anderen Bildungsstand hat, als Jugendliche, die in Deutschland sozialisiert wurden. Dies kann jedoch, je nach Herkunftsland, im indi-viduellen Fall abweichen.

Neben den formalen Schwierigkeiten wird deutlich, dass viele Kinder und Jugend-liche traumatisiert sind und psychische Probleme aufweisen, wodurch ein speziel-ler Förderbedarf ermittelt werden muss. Dieser reicht in der Praxis vom Bereich der Sprachförderung bis hin zu einer psychologischen Anbindung. Auch wenn im-mer wieder berichtet wird, dass vor allem sehr junge Geflüchtete eine hohe Integ-rations- und Lernbereitschaft aufweisen, so haben sie in der Schule durch die Sprachproblematik Schwierigkeiten, einen Schulabschluss zu erlangen. Schon wäh-rend der Clearingphase sollte daher ein Konzept erstellt werden, das verschiedene Angebote zur Beschulung beinhaltet. Der Spracherwerb bzw. die Alphabetisierung sowie diverse Orientierungskurse, um Alltagskompetenzen wie die Nutzung von öffentlichen Verkehrsmitteln oder das Einkaufen und Kochen zu erlernen, sollten in diesem Konzept vertreten sein.[97] Der zweite zentrale Punkt beinhaltet, wie oben bereits erwähnt, den Übergang in die Kinder- und Jugendhilfe der im folgenden Ka-pitel näher erläutert werden soll.

---

[97] vgl. Bundesarbeitsgemeinschaft Landesjugendämter, ebd., S. 34-35

4.2.3 Hilfeplanung und Anschlussmaßnahmen

Sofern während des Clearingverfahrens ein Hilfebedarf ermittelt wurde, besteht der nächste Schritt aus dem Übergang in die reguläre Kinder- und Jugendhilfe. In der Regel benötigen junge geflüchtete Personen Leistungen der Jugendhilfe, außer sie können an Personensorgeberechtigten, die ebenfalls in Deutschland leben, übergeben werden. Für unbegleitete minderjährige Geflüchtete und junge volljährige besteht derselbe Anspruch auf geeignete Hilfen wie für in Deutschland geborene Personen. Diese Hilfeformen finden sich in den §§ 27 bis 35 sowie 41 SGB VIII. Um eine geeignete Hilfeform zu ermitteln, wird nachdem Clearingverfahren eine Hilfeplanung eingeleitet. Das Hilfeplanverfahren definiert sich in § 36 SGB VIII und soll nach Möglichkeit durch das Zusammenwirken mehrerer Fachkräfte dazu führen, dass ein sinnvolles und passendes Hilfeangebot für den*die Betroffene gefunden wird.[98] Hierbei soll zudem der junge Mensch aktiv miteinbezogen werden, sodass vermieden werden soll, dass über seinen*ihren Kopf hinweg entschieden wird. Zudem ist, gerade im Anfangsstadium der Anschlussmaßnahmen, ein*e Dolmetscher*in hinzuzuziehen. Für die Minderjährigen erfolgt die Antragstellung auf eine Maßnahme der Kinder- und Jugendhilfe durch den*die Vormünder*in.[99] Die Rahmenvorgaben durch das Bundesrecht sehen von einer Unterbringung in einer Massen- und Notunterkunft ab und forcieren, sofern dies in der Praxis realisiert werden kann, die Unterbringung bei einer „geeigneten Person" oder in eine „geeignete Einrichtung". Für die Hilfen zur Erziehung werden nach § 27 SGB VIII die Anspruchsvoraussetzungen, Hilfearten und Leistungsinhalte definiert sowie der Rechtsanspruch auf Hilfe zur Erziehung festgelegt. Bei der gewählten Hilfeform muss stets die pädagogische sowie die damit einhergehende therapeutische Anbindung gewährleistet werden. Als passende Hilfeangebote kommen daher die Vollzeitpflege nach § 33 SGB VIII, die Heimerziehung oder eine sonstige betreute Wohnform nach § 34 SGB VIII sowie die intensive sozialpädagogische Einzelbetreuung nach § 35 SGB VIII infrage.[100]

Nach § 33 SGB VIII soll durch eine zielorientierte pädagogische Unterstützung und Begleitung im Rahmen einer Vollzeitpflege dem Alter sowie des Entwicklungsstandes des*der Jugendlichen entsprechend die Möglichkeit geboten werden, in einer

---

[98] vgl. Tangermann et al., ebd., S. 28

[99] vgl. Bundesarbeitsgemeinschaft Landesjugendämter, ebd., S. 35

[100] vgl. Deutscher Bundestag: Leistungen der Jugendhilfe für unbegleitete minderjährige Flüchtlinge. 2018, S. 6-7

Gast- oder Pflegefamilie zu wohnen. Diese Form der Unterbringung kann sowohl zeitlich befristet sein, als auch auf Dauer festgelegt werden.[101] Ziel dieser Hilfeform ist es, für junge Menschen einen sicheren Lebensmittelpunkt zu schaffen und die passende Hilfeform am richtigen Ort und zur richtigen Zeit zu installieren.[102] Die statistisch meist angewendete Hilfeform der Hilfen zur Erziehung bietet allerdings die Unterbringung in einer betreuten Wohnform bzw. die Heimerziehung nach § 34 SGB VIII. In der Regel kommen die meisten Jugendlichen mit einer Jugendhilfeeinrichtung in Kontakt, wenn sie zuvor vom Jugendamt in Obhut genommen worden sind. Die besondere Situation der minderjährigen Geflüchteten bringt eine besondere Stellung in diesen Gruppen mit sich. § 34 SGB VIII sagt aus, dass betroffene Kinder und Jugendliche in dieser Wohnform durch eine Verbindung von Alltagserleben sowie pädagogischen und therapeutischen Angeboten in ihrer Entwicklung gefördert werden sollen. Dieses Angebot soll an ihr Alter und ihren Entwicklungsstand angepasst werden und das Ziel verfolgen, eine Rückkehr in die Familien zu versuchen, die Erziehung in einer Familie vorbereiten oder auf eine auf längere Zeit angelegte Lebensform bieten und sich dadurch auf ein selbstständiges Leben vorzubereiten. Zur Zielgruppe gehören neben unbegleitete minderjährige Geflüchtete Kinder und Jugendliche mit familiären und persönlichen Problemen zu kämpfen haben. Je nachdem, welches Ziel im Hilfeplan festgelegt wurde, unterscheidet sich das zentrale Ziel in der stationären Unterbringung nach § 34 SGB VIII. In vielen Einrichtungen sind die Ziele dennoch ähnlich, da die Bedarfe der unbegleiteten Geflüchteten zumindest zu Beginn der Jugendhilfe häufig ähnlich sind und sich lediglich in Details unterscheiden. Damit soll diese Art der Unterbringung primärer Sozialisationsort für die Betroffenen sein. Sie soll daher klein gehalten werden und überschaubar sein, sodass maximal acht Jugendliche in einer Wohngruppe leben.[103] Für unbegleitete Geflüchtete ist das primäre Ziel, sich in der Wohngruppe weitestgehend zu verselbstständigen, sofern keine Familienzusammenführung anvisiert werden kann. Um dies gewährleisten zu können, sollten alle Jugendlichen ein Einzelzimmer haben, welches ihnen Schutz vor psychischen und physischen Belastungen nach der Flucht bietet. Ein geregelter Tagesablauf soll ihnen Struktur und Sicherheit vermitteln, der Gruppenalltag hingegen soll ihnen eine einfachere

---

[101] ebd.

[102] vgl. Jugendhilfe individuell: https://www.ju-jugendhilfe.de/Vollzeitpflege, [22.11.2020]

[103] vgl. Weeber, Vera; Gögercin, Süleyman: Traumatisierte minderjährige Flüchtlinge in der Jugendhilfe. Ein interkulturell- und ressourcenorientiertes Handlungsmodell. Herbolzheim: Centaurus Verlag, 2014, S. 55-56

Anknüpfung an soziale Kontakte bieten. Parallel dazu unterstützt sie diese Wohnform bei der Integration in eine für sie fremde Kultur. Die Jugendhilfe soll zudem den Zugang zu Schulen, Sprachkursen, Fördermaßnahmen oder Ausbildungsmöglichkeiten erleichtern. Dennoch sollte erwähnt werden, dass die Hilfeform sich zwischen in Deutschland geborenen und geflüchteten Jugendlichen stark unterscheiden kann. Neben der alltäglich pädagogischen Arbeit ist das zentrale Thema für die jungen Geflüchteten, einen sicheren Aufenthalt in Deutschland zu erhalten. Oftmals berichten die Geflüchteten, dass sie aus guten Familienverhältnissen stammen, wodurch sichtbar wird, dass die Hilfeform je nach Kriterien und Hintergrund stark variieren kann. Auch deshalb kann die Jugendhilfe in Form einer Wohnform nicht als statisch gesehen werden. Sie muss sich stets an den Problemlagen der Bewohner*innen orientieren.[104] Probleme können für unbegleitete minderjährige Geflüchtete bei den Regeln der Wohngruppen entstehen, die klare Ausgangsregelungen und Besucherempfänge definieren und weniger Freiheiten bieten, wie sie es häufig bis dato kannten. Negativ kann sich zudem die hohe Personalfluktuation auswirken, da so immer wieder von Beziehungsabbrüchen mit den Betreuer*innen auszugehen ist und die Jugendlichen sich dadurch weiter zurückziehen und kaum Vertrauen aufbauen können. Außerdem muss bedacht werden, dass es sich in der Wohngruppe um eine Art arrangierte Gemeinschaft handelt, die für die Bewohner*innen nicht als Familienersatz angesehen werden kann.[105]

Viele der geflüchteten Jugendlichen fliehen aus der Not heraus und verlassen ihre Familien nicht freiwillig oder wünschen sich nach der Ankunft in Deutschland den Nachzug der eigenen Familien. Die Wohngruppe verleiht zwar Sicherheit, ein eigenes Zimmer und kann als Integrationsöffner in eine neue Kultur sein, dennoch darf sie nicht als das neue zu Hause gesehen werden. Zum einen sind sich die Bewohner*innen in den meisten Fällen zunächst fremd und zudem verändert sich die Konstellation innerhalb der WG recht häufig. Zum Schluss muss dennoch konstatiert werden, dass die meisten unbegleiteten minderjährigen Geflüchteten in dieser Hilfeform verweilen, bis sie die Volljährigkeit erreichen und durch diese Hilfeform eine deutlich bessere Versorgung und Betreuung als beispielsweise in Gesamtunterkünften erhalten.[106] In den meisten Fällen werden die Hilfen nicht nach dem Erreichen des 18. Lebensjahres abrupt beendet, sondern bis zum 21. Lebensjahr

---

[104] ebd., S. 56

[105] vgl. Weeber et al., ebd., S. 56-57

[106] ebd., S. 57

verlängert; dies entscheidet sich jedoch stets im Rahmen von Hilfekonferenzen, die gemeinsam mit der zuständigen Fachkraft des Jugendamtes sowie den Betreuer*innen in der pädagogischen Einrichtung stattfindet. Meist ist die Persönlichkeitsentwicklung und der Prozess der Verselbstständigung bei den betroffenen Jugendlichen mit 18 Jahren noch nicht so fortgeschritten, sodass die Leistungen der Jugendhilfe durch eine gesonderte Antragstellung nach § 41 SGB VIII weiterhin bewilligt werden können. Das Gesetz sieht vor, die Hilfen gar bis zum 27. Lebensjahr zu gewähren, in der Praxis ist dies jedoch nur in absoluten Ausnahmefällen und bei einem sehr hohen Hilfebedarf der Fall.[107] In der Sozialen Arbeit ist hierbei u.a. von einer intensiven sozialpädagogischen Betreuung die Rede.[108] Auch dies ist ein Grund dafür, dass eine regelmäßige Überprüfung (in der Regel alle sechs Monate) der installierten Hilfe äußerst wichtig, um im Bedarfsfall diese rasch anpassen zu können.[109]

Neben den aufgelisteten Hilfen nach § 33 sowie § 34 SGB VIII besteht für unbegleitete Geflüchtete die Möglichkeit, eine nach § 35 SGB VIII intensive sozialpädagogische Einzelbetreuung zu erhalten. Diese hat das Ziel, eine intensive Unterstützung bei der sozialen Integration und zu einer selbstständigen und verantwortungsbewussten Lebensführung zu erreichen. Zumeist ist auch diese Hilfeform für eine längere Zeit angedacht.[110] Welche der aufgeführten Hilfeformen letztlich als angemessen angesehen wird, wird meist durch das Zusammenwirken eines multiprofessionellen Teams in einem längeren Prozess geklärt. Wie bereits erwähnt ist die Hilfeplanung dabei entscheidend. Die Regelungen des SGB VIII haben dabei die Aufgabe, eine „bedarfsgerechte Behandlung der betroffenen Kinder [und Jugendlichen] zu gewährleisten."[111]

---

[107] vgl. Deutscher Bundestag, ebd., S. 7

[108] vgl. Wabnitz, Reinhard: Grundkurs Kinder- und Jugendhilferecht für die Soziale Arbeit, 6. Auflage, München: Ernst Reinhardt Verlag, 2020, S. 17

[109] vgl. Vielfalt e.V.: Qualitätshandbuch für unbegleitete minderjährige Flüchtlinge im betreuten Jugend- und Einzelwohnen, 2017, S. 19

[110] vgl. Deutscher Bundestag, ebd., S. 7

[111] ebd., S. 8

5 Gesellschaftliche Teilhabe von unbegleiteten minderjährigen Geflüchteten – Anforderungen und Möglichkeiten für eine gelingende Integration

Nachdem in den vorherigen Kapiteln die demographischen Hintergründe, zahlreiche Daten und Statistiken, strukturelle Rahmenbedingungen sowie der Hilfeprozess in der Kinder- und Jugendhilfe beschrieben wurden, liegt der Fokus im folgenden Kapitel auf den Möglichkeiten einer Integration von unbegleiteten minderjährigen Geflüchteten. Gibt es für die Jugendlichen reale Chancen, sich trotz aller bürokratischer, sprachlicher und kultureller Hürden eine sichere Zukunft in Deutschland aufzubauen? Oder leben die zahlreichen minderjährigen Geflüchteten in einer stetigen Ungewissheit und wissen nicht, ob Sie jemals eine dauerhafte Aufenthaltserlaubnis erhalten werden? Um diesen Fragen auf den Grund zu gehen, soll in erster Linie geklärt werden, welche Anforderungen an die Soziale Arbeit gestellt werden müssen. Welche Aufgaben haben die zahlreichen Akteur*innen der Sozialen Arbeit, um einen Teil zu einer erfolgreichen Integration beizusteuern? Im weiteren Verlauf sollen die gesellschaftliche Teilhabe und die verschiedenen Institutionen, die dabei eine bedeutende Position einnehmen, näher erläutert werden. Wo integrieren sich Jugendliche und welche Chancen, aber auch Verpflichtungen haben Sie, um in Deutschland bleiben zu können? Während dabei zu Beginn die Teilhabe in den Jugendhilfeeinrichtungen definiert wird, folgt daraufhin eine Einschätzung der gesellschaftlichen Teilhabe durch Bildung und Spracherwerb. Dies spielt sich vor allem in Schulen, aber auch in der Freizeit ab. Zuletzt soll durch die Berufsausbildung oder den Beruf verdeutlicht werden, ob die Verselbständigung und Integration in einem neuen Land gelingen kann.[112]

5.1 Anforderungen an die Soziale Arbeit

Die „Flüchtlingsarbeit" hatte als Teilberufsfeld der Sozialen Arbeit für eine lange Zeit einen schweren Stand und bekam meist nur wenig Beachtung. Die verfügbaren finanziellen Mittel waren meist nicht ausreichend und in der Gesellschaft war die Arbeit mit Geflüchteten nicht hoch angesehen. Bis heute ist sie jedoch im wissenschaftlichen Kontext ein bislang eher blinder Fleck auf der Forschungslandkarte, obwohl sie viel Diskussionsstoff anbietet. Erst seit 2015 und der damit immer in Zusammenhang bringenden Flüchtlingskrise erlebt die Flüchtlingsarbeit aus Sicht

---

[112] vgl. Thomas et al.: ebd., S. 175

der Sozialen Arbeit eine neue Dynamik. Es entstanden neue Arbeitsplätze für Sozialarbeiter*innen und die Asylthematik wurde nach langem Stillstand wieder neu aufgearbeitet und öffentlich viel diskutiert.[113] Dennoch befindet sich die Soziale Arbeit bei der Arbeit mit Geflüchteten stets in einem Zwiespalt: An menschenunwürdigen Orten wie den Gemeinschaftsunterkünften für Geflüchtete muss sie ihr professionelles Handeln unter Beweis stellen. Und doch erlebte die Arbeit mit Geflüchteten vor allem in den vergangenen Jahren eine rasch wachsende Akzeptanz in der gesellschaftlichen Öffentlichkeit: die Geflüchteten und die Flüchtlingsarbeit tauchten in Medien auf; Organisationen und Ehrenamtliche, die sich für Geflüchtete einsetzen, zeigten vermehrt Interesse an der Aufnahme, Unterbringung und Versorgungssituation der Geflüchteten nach ihrer Ankunft in Deutschland. Gleichzeitig wuchs das Ehrenamt, viele Menschen zeigten sich verantwortungsbewusst und hilfsbereit, auch wenn oftmals vom Gegenteil berichtet wurde und vermehrt Hetze gegen die Flüchtlingsarbeit betrieben wurde.[114] Dennoch sollte nicht vergessen werden, dass die Soziale Arbeit mit Geflüchteten noch immer in einer Findungsphase ist. Sie muss sich den aktuellen Gegebenheiten stets anpassen und sich kontinuierlich weiterentwickeln. Dadurch entstehen für außenstehende Personen eine Vielzahl von Fragen: Was muss die Soziale Arbeit leisten, welche Aufgaben hat sie in Bezug auf junge Geflüchtete und welche Anforderungen werden von der Gesellschaft und Politik an sie gestellt, um eine gelingende Arbeit mit Geflüchteten bieten zu können? Wie geht sie mit diesen täglichen Anforderungen um und schafft sie es, sich den Herausforderungen und dem gesellschaftlichen Druck zu stellen?[115]

Die Integration von unbegleiteten minderjährigen Geflüchteten ist ein meist länger andauernder Prozess, der u.a. die Sozialarbeiter*innen der Jugendämter vor große Herausforderungen stellt. Sie unterscheiden sich im Vergleich zur Arbeit mit Kindern und Jugendlichen, die in Deutschland aufgewachsen sind deutlich, da die Themenschwerpunkte differenziert sind und zudem deutlich vielfältiger sowie komplexer sind. Während bei deutschen Jugendlichen meist von alltäglichen und üblichen Themen, denen selbstverständlich genauso Aufmerksamkeit geschenkt

---

[113] vgl. Gräber, Doris: Flüchtlingssozialarbeit im Kontext von Krankheit und Behinderung. Eine qualitative Studie zum professionellen Selbstverständnis von Sozialarbeitenden, Berlin: Springer VS. 2020, S. 1

[114] vgl. Bundesministerium für Familie, Senioren, Frauen und Jugend: Engagement für Geflüchtete: Viele Menschen engagieren sich freiwillig für Flüchtlinge, https://www.bmfsfj.de/bmfsfj/studie-zeigt--viele-menschen-engagieren-sich-freiwillig-fuer-fluechtlinge/121758, 2018, [19.12.2020]

[115] vgl. Gräber, ebd., S. 2

werden muss, gesprochen wird, bestehen die Probleme und gleichzeitigen Herausforderungen bei geflüchteten Kindern und Jugendlichen in der Fluchtverarbeitung, den Erlebnissen während der Flucht und im Heimatland sowie in der allgemeinen Bildung und der damit einhergehenden Integration in die Gesellschaft.[116] An dieser Stelle muss dazu erwähnt werden, dass die Erfahrung in der Flüchtlingsarbeit keine besonders lange Geschichte aufweist und noch relativ jung ist. Dennoch ist zu konstatieren, dass vermehrt wissenschaftliche Literatur über Geflüchtete im Kontext von Bildung, Integration, rechtliche Aspekte, Rassismus und Diskriminierung sowie Trauma veröffentlicht wird, obwohl viele Veröffentlichungen keine einheitliche Form besitzen und meist Projektberichte oder Praxisleitfäden für u.a. soziale Träger sind – das Ziel der Sozialen Arbeit muss es weiterhin sein, die individuellen Ressourcen und Kompetenzen der jungen Geflüchteten noch genauer zu erforschen, damit diese für die künftige Integrationsarbeit von Bedeutung sein können.[117]

Der Umgang mit Geflüchteten in der Sozialen Arbeit ist spätestens seit 2015 unentbehrlich geworden. Für die Soziale Arbeit stellt sowohl das Wissen über Flüchtlingsschutz, als auch der Umgang mit Geflüchteten in den meist prekären aufenthaltsrechtlichen sowie sozialen Situationen eine große Herausforderung dar. Die Aufgaben der Sozialen Arbeit gestalten sich daher als umfassend und äußerst vielfältig. Sie sollen daher anhand des „Positionspapiers zu den Anforderungen an die sozial-, asyl- und aufenthaltsrechtliche Beratung und die soziale Betreuung von Flüchtlingen im Land Brandenburg" genauer untersucht und erarbeitet werden.[118] Dabei handelt es sich um rein theoretische Aufgaben und Anforderungen an die Sozialarbeiter*innen und alle weiteren am Prozess beteiligten Personen. Es geht dabei um ein Ideal, welches aufgrund einer Vielzahl von Faktoren in der Praxis (noch) nicht immer umgesetzt werden kann. Im Folgenden sollen dabei die Erstzuweisungen und Aufnahmen beschrieben werden, daraufhin der Alltag und das Wohnen, gefolgt von den finanziellen und sozialen Aspekten und der Fragestellung zur Familie und Schule. Des Weiteren sollen die verschiedenen Hilfearten bei

---

[116] vgl. Vielfalt e.V.: Qualitätshandbuch für unbegleitete minderjährige Flüchtlinge im betreuten Jugend- und Einzelwohnen, 2017, S. 4

[117] vgl. Seukwa, Louis Henri: Erkennen und Nutzen von Schlüsselkompetenzen bei Flüchtlingen in: Intelligente Integration von Flüchtlingen und Migranten, Münster/New York: Waxmann Verlag, 2016, S. 9

[118] vgl. Altinzencir, Mahmut: Rechtliche Rahmenbedingungen für geflüchtete Menschen in Deutschland und die Aufgaben der Sozialen Arbeit in: Soziale Arbeit und Migration. Konzepte und Lösungen im Vergleich, Karlsruhe: Springer VS, 2019, S. 64-65

psychosozialen Problemen und allgemeinen Gesundheitsfragen sowie bei aufenthaltsrechtlichen Fragen dokumentiert werden, die durch Beratung beim Spracherwerb, der Arbeit und der Freizeitgestaltung abgerundet werden.[119] Dabei wird schnell deutlich, dass sich die Soziale Arbeit mit einer Vielzahl von Aufgaben auseinandersetzen muss, um eine möglichst gelingende Integration von jungen Geflüchteten bieten zu können. Der folgende Absatz soll zeigen, wie das Ankommen von jungen Geflüchteten durch und mithilfe der Sozialen Arbeit unterstützt werden kann. Hierbei handelt es sich bei den eben genannten Aufgaben zunächst um klare Rahmenbedingungen, die benötigt werden sowie um die besondere Stellung der Schule als Lebensort für Kinder und Jugendliche. Diese sollen im Anschluss ausgeführt werden. Wichtig ist im Vorfeld zu erwähnen, dass nachfolgend alle beteiligten Personen aus dem Fachgebiet der Sozialen Arbeit, die am Integrationsprozess von geflüchteten Menschen teilnehmen, gemeint sind. Dabei handelt es sich sowohl um Sozialarbeiter*innen aus Jugendämtern, Sozialarbeiter*innen und Betreuer*innen aus sozialpädagogischen Trägern, als auch um Lehrer*innen und andere Beteiligte aus dem umfassenden Berufsfeld der Sozialen Arbeit.

Alltag und Wohnen

Bei der Erstzuweisung und der Aufnahme von unbegleiteten minderjährigen Geflüchteten muss die Soziale Arbeit mit den Ausländerbehörden kooperieren. Die Soziale Arbeit steht in der Pflicht, die Unterkunft und das Zimmer vorzubereiten und hilft dabei, Dokumente und Formulare gemeinsam mit den Jugendlichen auszufüllen. Sozialarbeiter*innen begleiten die Jugendlichen zudem zur Erstanmeldung, zu Terminen bei der Ausländerbehörde oder, je nach Zuständigkeit, zum Sozialamt. Zu Alltagsfragen informieren die Betreuer*innen den*die Jugendliche zur Verkehrsanbindung, über Behörden und Zuständigkeiten sowie zu Ärzten, Beratungsstellen und zu anderen relevanten Institutionen. Wichtig ist zudem die Vermittlung von alltäglichen Aufgaben und zu Dolmetscher*innen oder Sprachmittler*innen, die vor allem zu Beginn eine zentrale Rolle bei jungen Geflüchteten einnehmen.[120] Obwohl die eben beschrieben Anforderungen zunächst nach vermeintlich leichten Aufgaben anhören, so muss bedacht werden, dass sich die Soziale Arbeit häufig in nicht klar geregelten, schlecht ausgestatteten und konzeptionell kaum entwickelten Settings befindet. Dies erschwert die die Arbeit, was wiederum

---

[119] vgl. Altinzencir, ebd., S. 65-70
[120] vgl. Altinzencir, ebd., S. 65

dazu führt, dass sie nicht immer nach den eigenen Wünschen agieren kann. Das
Ergebnis ist dann oftmals eine Diskrepanz zwischen fachlichen und praktischen
Ansprüchen. Durch die vielen Anforderungen an die Soziale Arbeit, die theoretisch
sinnvoll und unbedingt zu berücksichtigen sind, müssen dann zunächst fachfremde
Tätigkeiten verrichtet werden.[121] Unter diesen Bedingungen ist es demzufolge
kaum möglich, einen effektiven Informationsaustausch und eine daraus resultierende Verständigung zwischen Klient*in und Sozialarbeiter*in zu erzielen, obwohl
klar sein sollte, dass der Schutz für besonders vulnerable Gruppen, zu denen geflüchtete Kinder und Jugendliche gehören, einen besonderen Schutz und viel Aufmerksamkeit benötigen. Umso schwieriger ist es für die beteiligten Fachkräfte der
Sozialen Arbeit, die betroffenen Menschen als Individuen wahrzunehmen, mit ihrer Geschichte und den persönlichen Bedürfnissen und Wünschen.[122]

Finanzen und Soziales

Eine weitere Aufgabe und Anforderung an die Soziale Arbeit ist die Beratung in fi-
nanzieller und sozialer Hinsicht. Die Sozialarbeiter*innen sollen als beratende
Fachkräfte bei verschiedenen Formularen und Anträgen für die jungen Geflüchteten behilflich sein. Überwiegend handelt es sich bei Anträgen um Leistungen nach
dem SGB VIII, wodurch auch Mehrbedarfe oder einmalige finanzielle Zuschüsse damit gemeint sind. Diese sind in der Regel Gelder für Schulmittelpauschalen, Erst-
bekleidungen oder Einrichtungspauschalen. Auch bei möglichen finanziellen Problemen und einer damit verbundenen Schuldenproblematik sollten Sozialarbeiter*innen zwischen den Sozialämtern und den Geflüchteten vermitteln. Eine unter-
stützende Position nehmen die Fachkräfte zudem bei möglichen Wechseln von
Leistungserbringern ein, welche primär nach der Beendigung der Jugendhilfe und
damit ab dem 21. Lebensjahr eintreten. Des Weiteren sind Beantragungen von Ar-
beitslosengeldern, die Beratung und Hilfe mit den Krankenversicherungen sowie
die Kontaktpflege zu Rechtsanwält*innen und anderen relevanten Beratungsstellen nötig.[123] In der Praxis zeigt sich, dass vor allem zu Beginn der Hilfe Sozialarbeiter*innen in allen alltäglichen Bereichen der Flüchtlingsarbeit eine wichtige Position einnehmen und dadurch eine entscheidende Rolle für eine gelingende Integration besitzen. Eine erfolgreiche Integration kann zudem dann erreicht werden,

---

[121] vgl. Filsinger, Dieter: Soziale Arbeit mit Flüchtlingen. Strukturen, Konzepte und Perspektiven,
       Bonn: Friedrich-Ebert-Stiftung, 2017, S. 21

[122] ebd., S. 22

[123] vgl. Altinzencir, ebd., S. 66-67

wenn der*die Jugendliche eine*n Privatvormund*in für sich gewinnen konnte, der*die erfahrungsgemäß aktiv am Hilfeprozess beteiligt ist und als aktive Stütze wahrgenommen werden kann.[124] Dies fällt bei unbegleiteten minderjährigen Geflüchteten, die einen gesetzlichen Vertreter*in zur Seite gestellt bekamen, oftmals weg wodurch eine evtl. wichtige Integrationsperson nicht im benötigten Ausmaß zur Verfügung steht.

Gräber beschreibt den gesamten Hilfeprozess als eine Art Maschine, die den Begleitprozess bei jungen Geflüchteten ständig in Bewegung hält und deren vorrangiges Ziel es ist, den Erfolg durch das ständige Wiederholen der alltäglichen Aufgaben zu erreichen. Sie setzt die Flüchtlingsarbeit in den Kontext einer schier endlosen Landschaft, da sie aus vielen einzelnen Elementen wie den Beratungsstellen, Wohnunterkünften, Erstaufnahmeeinrichtungen, Vereinen, Behörden, Ämtern und vielen weiteren Institution besteht.[125] In dieser komplex angelegten Landschaft muss die Soziale Arbeit die jungen Geflüchteten dabei unterstützen, sich orientieren zu können. Dies kann dadurch umgesetzt werden, dass die Jugendlichen anhand von Informationen losgeschickt werden, um von Anfang an zu lernen, selbstständig zu sein – dies ist in der Praxis allerdings nicht immer möglich, wodurch das Mitgehen und Begleiten eine zentrale Rolle im Alltag einnimmt. Das Mitgehen und Begleiten finden vor allem dann statt, wenn der*die Jugendliche neu in Deutschland ist oder die Institution noch nicht kennt. Diese Arbeit ist äußerst zeitintensiv und doch sollte sie zumindest zu Beginn der Hilfe regelmäßig umgesetzt werden, sofern die Kapazitäten zur Verfügung stehen. Dabei sind Sozialarbeiter*innen entweder Aufsuchende oder Begleiter*innen. Sie sind also entweder der aktive Part und unternehmen und planen den Prozess selbstständig, oder aber, was deutlich effizienter ist, nehmen sie die inaktive Rolle ein. Dabei sind sie Begleiter*innen und der*die Klient*in entscheidet über die Richtung und die Geschwindigkeit des Hilfeprozess selbstständig.[126] Dies wird vor allem bei älteren unbegleiteten Geflüchteten angewendet, da hierbei das im Hilfeplan vereinbarte Ziel der Verselbständigung verfolgt werden sollte.

---

[124] Praktische Erfahrungen in einem Jugendwohnprojekt in Berlin
[125] vgl. Gräber, ebd., S. 181-182
[126] ebd., S. 193-197

Freizeitgestaltung und Bildung

Weitere Aufgaben der Sozialen Arbeit in der Flüchtlingshilfe ist die Hilfestellung
und Organisation im Freizeitbereich, bei Ferienfahrten oder das Planen von Aktivitäten und entsprechenden Angeboten in den Wohnheimen bzw. vor Ort in den
Wohngemeinschaften. Eine enge Kooperation zu Familienzentren oder Freizeitein-
richtungen kann dabei eine positive Rolle spielen, vor allem wenn Jugendliche auch
außerhalb ihrer Wohngemeinschaft soziale Berührungspunkte finden können.
Auch die Vermittlung zu schulischen Hilfsangeboten ist eine im Alltag wichtige
Kernkompetenz der Sozialen Arbeit. Hierzu gehört u.a. die Unterstützung bei Hausaufgaben, die Zusammenarbeit mit ehrenamtlichen Nachhilfelehrer*innen oder die
Vermittlung von Deutschkursangeboten.[127] Eine Vertiefung zum Themenschwer-
punkt Bildung und Schule soll im sechsten Kapitel stattfinden.[128]

Der Zugang zur Integrationsinfrastruktur ist bei jungen Geflüchteten jedoch meist
kaum bzw. überhaupt nicht gegeben, da sie stets mit anderen Geflüchteten in
Wohngemeinschaften bzw. Wohnheimen leben, in denen Sie nur wenig von der Au-
ßenwelt erfahren. Zwar wird eine Betreuung für die Jugendlichen in den meisten
Fällen in Form der klassischen Flüchtlingsarbeit sichergestellt, bundesweite Standards oder verbindliche Verpflichtungen gibt es bisher allerdings kaum. Die Aus-
gestaltung unterliegt der Verordnung, der Bundesländer, der einzelnen Träger und
den Fachkräften vor Ort. In der Praxis spiegeln sich die verschiedenen Grundsätze
der einzelnen Bundesländer in der Praxis wider: Während Bremen die Integration
dadurch fördert, dass Asylsuchende von keinen Angeboten und der Partizipation
ausgeschlossen werden, sind die primären Ziele in Bayern gegensätzlich. Hier ist
die Reintegration in die Herkunftsländer das primäre Ziel, wodurch die Arbeit der
Sozialarbeiter*innen in der Praxis beeinflusst werden kann.[129]

Gesundheit und psychologische Anbindung

Außerdem nimmt die gesundheitliche und psychologische Anbindung bei unbegleiteten minderjährigen Geflüchteten im Alltag eine entscheidende Rolle ein und

---

[127] vgl. Altinzencir, ebd., S. 67

[128] Aus eigener Erfahrung konnte in der Praxis beobachtet werden, dass die Vernetzung zu anderen Trägern, zu verschiedenen Hilfeangeboten, zu Anwälten*innen, zu Beratungszentren,
zu Ärzt*innen und weiteren wichtigen Institutionen, die für den Integrationsprozess eine
entscheidende Rolle einnehmen, von großer Bedeutung ist. Dabei muss jedoch auch festgehalten werden, dass die Vernetzung zwischen verschiedenen Institutionen oftmals zu kurz
kommt und die dadurch nicht das volle Hilfesystem genutzt werden kann.

[129] vgl. Filsinger, ebd., S. 22-34

ist ein separates Arbeits- und Handlungsfeld der Sozialen Arbeit. Die Tatsache, migriert zu sein, beeinflusst speziell Personen die zur vulnerablen Gruppe gehören, in ihrer Gesundheit maßgeblich. Die Flucht kann, sofern sie erzwungenermaßen erfolgt, zu einem kritischen Lebensereignis werden da Migration gleichzeitig immer bedeutet, sich von seiner vertrauten Umgebung, von der eigenen Sprache, von den Familienangehörigen, den Werten, Traditionen und Gewohnheiten zu trennen. Hier kann auch von einer Entwurzelung gesprochen werden. Die Ankunft im neuen, noch fremden Land kann zu existenziellen Verunsicherungen führen, aber auch das Einleben in einer neuen Gesellschaft kann herausfordernd sein. Hinzu kommen die bereits angesprochenen traumatischen Ereignisse während der Flucht, die eine Vielzahl von jungen Geflüchteten erleben mussten. Nicht wenige haben dadurch mit multiplen psychischen Problemen zu kämpfen, die sie einerseits durch das Verlassen der eigenen Familie und der gewohnten Umgebung, andererseits durch die erlebte Folter während der Flucht, erleben mussten.[130] Dennoch muss daran erinnert werden, dass eine Flucht trotz der Gefahren eine lebensrettende Entscheidung für die betroffenen Personen sein, wenn sie vor Verfolgung, Vertreibung und Krieg schützt. Die Erlebnisse bleiben jedoch meist nicht ohne Folgen und wirken sich auch über viele Jahre nach der Flucht bei den Betroffenen aus und führen oftmals zu Angstzuständen. So kämpfen viele junge Geflüchtete u.a. mit posttraumatischen Belastungsstörungen und müssen an psychologische Zentren angebunden werden, sofern die eigene Einrichtung keine Psycholog*innen zur Verfügung stellt.[131] Doch auch nach der Einreise sind Machtmechanismen zu spüren, die sich negativ auswirken können. Benachteiligung, Diskriminierung, Ausgrenzung und Rassismus ist noch immer weitverbreitet – das „othering", also das falsche Generalisieren, ist allgegenwärtig. Auch der Rassismus ist weiterhin spürbar und ist strukturell und institutionell in der Gesellschaft wahrnehmbar.[132]

Für Sozialarbeiter*innen sind psychosoziale Standorte für Geflüchtete Arbeitsorte. Diese Einrichtungen spezialisieren sich auf die Arbeit mit traumatisierten

---

[130] vgl. Wanner, Martina: Migration und Gesundheit in: Soziale Arbeit in der Migrationsgesellschaft. Grundlagen – Konzepte – Handlungsfelder, Villingen-Schwenningen: Springer VS, 2018, S. 623-624

[131] In der Praxis konnte ich die Erfahrung machen, dass nach Ankunft der unbegleiteten minderjährigen Geflüchteten und nach Beendigung des Clearingverfahrens mehrheitlich eine psychologische Anbindung stattfand. Viele Jugendlichen zeigten dafür allerdings wenig Verständnis und berichteten, dass sie ihre Erlebnisse und Probleme nicht anvertrauen möchten. Wichtig ist, individuell zu analysieren, ob eine therapeutische Anbindung von Vorteil ist.

[132] vgl. Wanner, ebd., S. 624

unbegleiteten minderjährigen Geflüchteten und entwickeln in ihrer Profession Ansätze, um mit erlebten Ereignissen wie Folter, Fluchterlebnisse oder Verfolgung zurechtzukommen. In den psychosozialen Zentren arbeiten Psycholog*innen, Psychiater*innen sowie Sozialarbeiter*innen gemeinsam und bilden damit ein multiprofessionelles Team.[133] Gemeinsam soll so versucht werden, Geflüchtete mit einem hohen Schutzbedarf, zumeist sind dies traumatisierte Kinder und Jugendliche, zu beraten, zu begleiten, zu vermitteln, aber auch in Form einer Psychotherapie zu behandeln. Die Möglichkeiten einer psychotherapeutischen Versorgung der Geflüchteten unterscheiden sich durch ihre jeweilige Lebenssituation, in der sie sich befinden. Zu Beginn muss demnach die Therapieform ermittelt werden, wobei hierbei klassische Therapieformen wie die Tiefen- oder Verhaltenstherapie oder die Psychoanalyse nur dann Anwendung finden, wenn die Lebenssituation des*der jungen Geflüchteten geklärt ist. Die gesundheitliche Versorgung wird durch therapeutische Ansätze gewährleistet und ist eine Form der Begleitung und Beratung, wobei sich die Themenschwerpunkte je nach Problematik unterscheiden. Das Clearinggespräch, Stabilisierung, Krisenintervention, psychosoziale Beratung, die therapiebegleitenden sozialpädagogischen Angebote und die Hilfestellung in allen Lebensbereichen gehören generell jedoch zu jedem psychosozialen Zentrum. Es wird deutlich, dass sich psychosoziale Zentren als ein wichtiger Bestandteil in der Arbeit mit unbegleiteten minderjährigen Geflüchteten erweisen. In der Praxis wird jedoch deutlich, dass psychosoziale Zentren bisher nicht ausreichend vorhanden sind, um Leistungen nach dem AsylbLG oder dem SGB VIII abrechnen zu können. Diese Art von Hilfen kann somit nur ein kleiner Teil der unbegleiteten minderjährigen Geflüchteten in Anspruch nehmen. Viele gesundheitlich Hilfebedürftige werden nicht erreicht.[134] Dennoch darf die Gesundheit von Geflüchteten nicht ausschließlich negativ bewertet werden. Eine Flucht bzw. Migration verfolgen stets das Ziel, sich zu entwickeln bzw. weiterzuentwickeln. Die Gesundheitsförderung, zu der auch die Soziale Arbeit einen wichtigen Teil beiträgt, muss als Prozess angesehen werden, der Menschen ein höheres Maß an Selbstbestimmung ermöglicht. Es versteht sich von selbst, dass dies nicht innerhalb von wenigen Monaten oder Jahren erreicht werden kann. Gesundheitsförderung meint dabei außerdem nicht ausschließlich die Förderung im Gesundheitswesen, sondern auch die gesundheitsförderliche

---

[133] vgl. Rehklau, Christine: Flüchtlinge als Adressat_innen Sozialer Arbeit? Sozialarbeitswissenschaftlicher Zugang in: Flüchtlinge. Multiperspektivische Zugänge, Bochum: Springer VS, 2017, S. 310

[134] vgl. Rehklau, ebd., S. 311

Lebenswelten. Es beinhaltet körperliches, seelisches und soziales Wohlbefinden und meint damit mehr als die Abwesenheit von Krankheit.[135] Der Erhalt der Gesundheit und die Prävention haben für die Soziale Arbeit höchste Priorität. Die Soziale Arbeit unterstützt neben der Vermittlung zu Ärzt*innen und anderen gesundheitlichen Einrichtungen bei der Terminvereinbarung. Unbegleitete minderjährige Geflüchtete haben je nach Status die Möglichkeit, Sicherung der Gesundheitsversorgung über die Krankenhilfe nach §§ 4 und 6 des AsylbLG und die Leistungen der Krankenkasse, für die das Jugendamt zuständig ist, zu erhalten.[136]

Asylverfahrensberatung

Neben den psychosozialen Zentren für Geflüchtete, die eine psychologische Beratung bzw. psychotherapeutischen Arbeit anbieten, ist die Beratung durch Sozialarbeiter*innen mit einer entsprechenden Qualifikation elementar. Bei der Asylverfahrensberatung werden Geflüchtete darüber aufgeklärt, wie das Asylverfahren verläuft und welche Rechte und Pflichten Asylsuchende haben. Außerdem werden die Möglichkeiten und Grenzen erläutert. In der Regel haben unbegleitete minderjährige Geflüchtete im Laufe der Jugendhilfe eine*n Anwält*in, der*die beim gesamten Asylprozess unterstützt, da das gesamte Verfahren komplex ist und der Ablauf sowie die Anforderungen von den Betroffenen nur in Ausnahmefällen verstanden werden. An dieser Stelle muss die Soziale Arbeit eine Vermittlung in die Wege leiten.[137] Anwält*innen, die sich auf Asylverfahren spezialisieren sind eine unabdingbare Komponente für den gesamten, meist über Jahre andauernden Asylprozess. Sie können den Jugendlichen Sicherheit vermitteln, da jemand für sie da ist, der sich um die essentiellen Faktoren kümmert. Eine weitere Aufgabe der Sozialen Arbeit ist die Begleitung und Unterstützung im Asylverfahren.[138]

---

[135] vgl. Wanner, ebd., S. 628

[136] vgl. Landkreis Potsdam-Mittelmark: Fachkonzept zur sozialen Unterstützung von Flüchtlingen durch Migrationssozialarbeit, mittelmark.de/fileadmin/Redakteure/Bilder/Wirtschaft__Arbeit/PDF/Jobcenter_MAIA/Publikationen/Broschueren/Fachkonzept_, 2017, S. 8 [03.12.2020]

[137] vgl. Rehklau, ebd., S. 309

[138] Meist ist das Asylverfahren ein langandauernder Prozess, der sich über mehrere Jahre ziehen kann. Oftmals beginnt dieser während der Jugendhilfe und kann bis in das Erwachsenenalter anhalten. Aus der Praxis konnte die Erfahrung gemacht werden, dass Sozialarbeiter*innen „automatisch" am Asylverfahrensprozess teilnehmen, da dieser die unbegleiteten minderjährigen Geflüchteten stets begleitet. Während beim Antrag sehr viel Unklarheit herrscht, vergehen in der Regel viele Monate bzw. Jahre bis es zu einer Anhörung kommt. Somit ist das Thema bei den Jugendlichen im Alltag zwar nicht stets präsent, es vermittelt dennoch Angst und Unklarheit.

Sozialarbeiter*innen helfen den Jugendlichen dabei, Beweise und Dokumente zu sammeln, stellen mit ihnen Anträge auf Kostenübernahmen für Anwält*innen bzw. sparen monatlich einen Geldbetrag für die anfallenden Anwaltskosten. Auch die Vermittlung von Bescheiden, das Schreiben von Widersprüchen, Begleitungen zu Gerichtsverhandlungen oder Anwaltsterminen, Beratung zum Aufenthaltsgesetz, Unterstützung bei der Mitwirkungspflicht zur Beschaffung eines Identifikationsdokuments gehören zu den alltäglichen Anforderungen der Sozialarbeiter*innen in der Arbeit mit jungen unbegleiteten Geflüchteten. Weitere Aufgaben bestehen darin, Anträge für Aufenthaltstitel bzw. Duldungen zu schreiben, zwischen Ausländerbehörden und Geflüchteten zu vermitteln, die Betroffenen darin beraten, welche rechtlichen Möglichkeiten zur Verfügung stehen aber auch die Beratung zu einer freiwilligen Rückkehr bzw. eine Zusammenarbeit mit Organisationen herzustellen, die bei einer Weiterwanderung in ein Drittland, z.B. bei einer Familienzusammenführung, berät.[139] Generell lässt sich aus den Aufgaben der Asylverfahrensberatung entnehmen, dass Sozialarbeiter*innen bei der Asylverfahrensberatung häufig eine vermittelnde und erklärende Position einnehmen. Häufig begleiten Sozialarbeiter*innen die Jugendlichen über mehrere Jahre im Asylverfahren und sind Vermittler*in für sowohl Geflüchtete als auch Anwält*innen. Daraus lässt sich ableiten, dass Sozialarbeiter*innen zwar nicht aktiv in den Prozess des Asylverfahrens eingreifen können, da ihnen schlicht die Akkreditierung fehlt, um aufenthaltsrechtliche Themen beeinflussen zu können, sie dennoch aktiv am Geschehen teilnehmen und eine wichtige Rolle als Berater*in einnehmen.

Sozialarbeiter*innen sind für junge geflüchtete Personen häufig die ersten und einzigen Personen, zu denen sie während des gesamten Asylverfahrens Kontakt haben. Da es nur wenige Asylanwält*innen gibt, die ihre Aufgaben gewissenhaft ausführen und nicht völlig überlastet sind, bleibt im Alltag viel Arbeit an Sozialarbeiter*innen liegen. Dabei muss erwähnt werden, dass auch Sozialarbeiter*innen diese Arbeit ohne die zahlreichen ehrenamtlichen Unterstützer*innen nicht bewältigen könnten. Neben den ehramtlichen Helfer*innen sind jedoch auch Sozialarbeiter*innen stets mit juristischen Fragen konfrontiert. Hier gilt es für die Träger der Sozialen Arbeit, passende Fortbildungen anzubieten, damit rechtliche Grundlagen angeeignet werden können. Zwar ist bei der Arbeit mit Geflüchteten das Wissen im Asylrecht unerlässlich, in der Praxis zeigt sich jedoch, dass Fachkräfte oftmals nicht in der Lage sind, ausreichende Fortbildungen aufgrund Überlastung und Mehr-

---

[139] vgl. Altinzencir, ebd., S. 69

arbeit anzunehmen. Häufig eignen sich Sozialarbeiter*innen im Verlauf des Asylverfahrens selbstständig Grundlagen aus dem Asylrecht an. Dies führt dann wiederum dazu, dass Wissenslücken oder bürokratische Probleme auftreten.[140] Für Sozialarbeiter*innen gilt es dann, weiter an Träger und Organisationen zu vermitteln, die sich auf Asylverfahren bei unbegleiteten minderjährigen Geflüchteten spezialisieren. Vor allem in Großstädten gibt es zahlreiche Non-Profit Organisationen, die Hilfe anbieten – anders hingegen sieht die Lage in ländlicheren Gegenden aus. Eine Vernetzung zu weiteren Akteuren, die im Asylprozess behilflich sein können, hat für Fachkräfte der Sozialen Arbeit oberste Priorität. Neben Beratungszentren bieten u.a. Wohlfahrtsverbände Rechtberaterkonferenzen an und sind damit ein erster Anlaufpunkt. Sozialarbeiter*innen müssen sich dennoch ihren Grenzen bewusst sein. Sie sind stets Vermittler und müssen daher ihre rechtlichen Grundlagen reflektieren und auf den neusten Stand bringen.[141]

Letztlich lässt sich sagen, dass Sozialarbeiter*innen oft fernab der eigenen Arbeitssphäre arbeiten bzw. arbeiten müssen, um eine erfolgreiche Flüchtlingssozialarbeit garantieren zu können. Es gilt nicht nur, die schlimmsten Befürchtungen zu verhindern, sondern eine direkte Mitwirkung im Asylverfahren und allen anderen Themengebieten, die für die Soziale Arbeit in der Arbeit mit unbegleiteten minderjährigen Geflüchteten von Bedeutung sind, anzubieten. Soziale Arbeit muss eine wichtige Spannung zwischen der Jugendhilfe und der Gesetzgebung zeigen, auch wenn sie sich stets in einem Spannungsfeld widersprüchlicher Interessen befindet.[142]

5.2 Gesellschaftliche Teilhabe von unbegleiteten minderjährigen Geflüchteten

Da zu einer erfolgreichen Integration von unbegleiteten minderjährigen Geflüchteten neben den Anforderungen und Verpflichtungen der Sozialen Arbeit auch die gesellschaftliche Teilhabe der Jugendlichen gehört, sollen im folgenden Unterkapitel die verschiedenen Formen näher erläutert werden. Zunächst muss jedoch darauf aufmerksam gemacht werden, dass durch das unklare Bleiberecht vieler

---

[140] vgl. Pichl, Maximilian: Soziale Arbeit in der Migrationsgesellschaft. Grundlagen – Konzepte – Handlungsfelder, Villingen-Schwenningen: Springer VS, 2018, S. 135

[141] ebd.

[142] vgl. Bozay, Kemal: Partizipation und Integration von unbegleiteten minderjährigen Geflüchteten als pädagogische Herausforderung der Kinder- und Jugendhilfe in: Junge Geflüchtete in der Jugendhilfe. Chancen und Herausforderungen der Integration, Dortmund: Springer VS, 2019, S. 29

unbegleiteter minderjährig Geflüchteter und das lange Zeit erst späte Bereitstellen
von Förderprogrammen im Feld der Berufsausbildung und der Arbeitsmarktmig-
ration, die Lebenslagen von jungen Geflüchteten im Kontext von Bildung, Arbeitsmarkt und gesellschaftlicher Partizipation unbekannt blieben.[143] Früher, in den
1970er Jahren, konnte von einer Win-Win-Situation die Rede sein kann, da Migrant*innen und Geflüchtete meist als Arbeiter*innen nach Deutschland kamen um
für einen begrenzten Zeitraum körperlich harte Tätigkeiten auszuüben, kann von
solch einer Integrationspolitik in der heutigen Zeit – zum Glück – keine Rede mehr
sein. Während damals weder auf die Bildung oder den Spracherwerb geachtet worden ist, erwartet die Öffentlichkeit in der heutigen Zeit eben jene Eigenschaften von
Geflüchteten und Migranten. Die Integrationsdiskussion hat sich in den letzten Jahren und Jahrzehnten, u.a. durch die Anerkennung Deutschlands als Einwanderungsland, grundlegend verändert.[144] Doch auch heute können regelmäßig Debat-
ten über die Integrationspolitik verfolgt werden, bei denen die Lebenslagen von
Geflüchteten sowie deren Bedarfe an gesellschaftlicher Teilhabe meist nur am
Rande oder gar nicht erwähnt werden.

Was benötigt es also, um gesellschaftliche Teilhabe zu ermöglichen? Wo findet sie
bereits statt, wo gibt es noch Verbesserungsbedarf und welche Personen und Institutionen stehen dabei in der Verantwortung? Ist die erfolgreiche gesellschaftliche
Teilhabe letztlich der entscheidende Faktor dafür, dass Integration gelingt? Und ist
sie dafür verantwortlich, dass den geflüchteten Jugendlichen somit ermöglicht
wird, sich trotz der langen Flucht und der vor kurzem stattfindenden Ankunft in
einem völlig fremden Land eine neue Perspektive aufzubauen, trotz der meist
schweren Bedingungen? Um all jene Fragen untersuchen zu können und ggf. eine
abschließende und zufriedenstellende Antwort finden zu können, soll der Fokus
zunächst auf die gesellschaftliche Teilhabe durch die Kinder- und Jugendhilfe ge-
legt werden, später auf die Bildung und den Spracherwerb und zuletzt auf die Ausbildung und den Beruf.

---

[143] vgl. Gag, Maren; Voges, Franziska: Inklusion als Chance? Eine Einführung in: Inklusion auf
Raten, Münster/New York: Waxmann Verlag GmbH, 2014, S. 7

[144] vgl. Toprak, Ahmet; Weitzel, Gerrit: Deutschland das Einwanderungsland. Wie Integration
junger Geflüchteter gelingen kann. Dortmund: Springer VS, 2017, S. 15-16

5.2.1 Gesellschaftliche Teilhabe durch die Kinder- und Jugendhilfe

Um zukünftig in Deutschland eine selbständige und soziale Lebensführung erreichen zu können, bedarf es für schutzbedürftige geflüchtete Kinder und Jugendliche
zunächst eine Erlangung und Vertiefung in die gesellschaftliche Teilhabe. Diese
spielt sich, wie in der Einleitung erwähnt, in verschiedenen Bereichen des Alltags
ab. Von zentraler Bedeutung sind jedoch die Einreise und das Ankommen, bei der
die Betreuung und Unterbringung in verschiedenen sozialpädagogischen Trägern
und Heimen in der Verantwortung stehen, die Möglichkeit nach gesellschaftlicher
Teilhabe zu schaffen. Das bedeutet, das Ankommen in der Kinder- und Jugendhilfe,
die zugleich die erste professionelle Hilfeanbindung für junge Geflüchtete ist, stellt
die Weichen für eine schnellere Integration und Teilhabe.[145] Der Zugang der unbegleiteten minderjährigen Geflüchteten erfolgt in den meisten Fällen über die Verteilung durch das Bundesamt für Verwaltung. Die Kinder- und Jugendlichen, die
unbegleitet einreisen, werden zunächst gleichmäßig in die sechzehn Bundesländer
verteilt. Hiermit sollen Großstädte wie Berlin, Hamburg, Frankfurt oder München,
in denen der größte Zuwachs zu verzeichnen ist, entlastet werden. Obwohl viele
geflüchtete Jugendliche zunächst in ländlicheren Gegenden Deutschlands ankommen, registrieren sie sich häufig in den bekannten Einreisehotspots das erste Mal
an. Diese sind meist Großstädte, da sie angeben, dort Freunde oder Verwandte leben. Somit soll eine gerechte Umverteilung stattfinden, die alle Bundesländer in die
Pflicht nimmt, Geflüchtete aufzunehmen. Statistisch gesehen wurden 2017 Jahr
etwa die Hälfte aller unbegleiteten minderjährigen Geflüchteten in Einrichtungen
der Kinder- und Jugendhilfe untergebracht, wobei zu beachten ist, dass es sich häufig um Erstaufnahme- bzw. Clearingeinrichtungen handelt, die nicht zum dauerhaf-
ten Verbleib geeignet sind.[146]

Nach der Vermittlung in die stationäre Heimunterbringung, die in aller Regel etwa
nach drei Monaten in der Clearingeinrichtung stattfindet, wird die gesellschaftliche
Teilhabe zur Befriedigung der Grundbedürfnisse durch die Jugendhilfe und die Einrichtungen sichergestellt. Durch das Ermöglichen, in einer Wohngemeinschaft zu
leben, ein Zimmer und Schlafplatz zu besitzen, Nahrungsmittel, Klamotten und Ge-
genstände für den alltäglichen Gebrauch bereitzustellen, wird der erste Schritt für
eine erfolgreiche gesellschaftliche Teilhabe vorgenommen. Darüber hinaus ist die
Aufgabe der Sozialarbeiter*innen vor Ort, Jugendliche, die aufgrund individueller

---

[145] vgl. Vielfalt e.V., ebd., S. 28
[146] vgl. Thomas et al., ebd., S. 176-177

Beeinträchtigung auf ein höheres Maß an Unterstützung angewiesen sind, sozialpädagogische Hilfe anzubieten, die darauf abzielt, die betroffenen Jugendlichen in
schulischen und beruflichen, in der Arbeitsmarkteingliederung sowie in der sozialen Integration zu fördern. Der Rahmen der Kinder- und Jugendliche ist damit primär dafür verantwortlich, den Jugendlichen auf ihrem Weg in die Gesellschaft Sicherheit und Begleitung anzubieten.[147´] Auch in den Unterbringungsheimen oder
Wohngemeinschaften hat die Kinder- und Jugendhilfe somit die bedeutende Aufgabe, Teilhabe- und Verwirklichungschancen von Heranwachsenden zu fördern.
Dies wird in §1 Abs. 3 SGB VIII definiert, wonach Jugendliche das Recht auf Förderung der Entwicklung sowie auf Erziehung zu einer eigenverantwortlichen und ge-
meinschaftsfähigen Persönlichkeit haben. Somit soll eine Teilhabe primär durch
die Förderung der individuellen und sozialen Entwicklung erreicht werden. Trotz
dieser eindeutigen Aufgaben stellt das die Jugendämter und freie Träger teilweise
vor große Herausforderung, da die Soziale Arbeit oftmals damit zu kämpfen hat,
Jugendliche alters- und entwicklungsentsprechend unterzubringen. Zudem treten
strukturelle Probleme auf, bei denen Jugendliche ständige Betreuer*innenwechsel
erleben und kaum fest Beziehungen eingehen können und damit nur wenig Vertrauen in das Helfersystem haben.[148]

Für die Kinder- und Jugendhilfe sowie die Beteiligten im Hilfeprozess kommt außerdem die Problematik hinzu, den unbegleiteten minderjährigen Geflüchteten zu
vermitteln, dass sie sich in einer sicheren Umgebung befinden und die Wohngemeinschaft und ihr Zimmer, dass sie beziehen, ihnen ein Gefühl des Ankommens
und zu-Hause-seins vermittelt. Nicht selten kommen Jugendlichen mit einer völlig
anderen Erwartungshaltung in Deutschland an. In den „Fluchtcommunitys" wird
den Jugendlichen meist ein von der Realität abweichendes Bild von der Ankunft
und den Möglichkeiten in Deutschland verliehen, wodurch sie nach der Flucht und
Ankunft in der Unterbringung zunächst in ein Loch fallen und Enttäuschung erleben. Andererseits können Jugendliche, die keine Erwartungen vom Leben in
Deutschland haben, desillusioniert sein, da plötzlich der gesamte psychische und
physische Druck der Flucht verschwunden ist. Sie stellen sich dann die Frage, was
sie hier machen und wie die unmittelbare Zukunft aussehen wird. Häufig begleitet
sie ein Gefühl vom Alleinsein und die Sehnsucht, die Familie zu sehen, ist zu Beginn

---

[147] ebd., S. 177

[148] vgl. Söhn, Janina; Marquardsen, Kai: Forschungsbericht 484. Erfolgsfaktoren für die Integration von Flüchtlingen, Göttingen: SOFI, 2017, S. 24

enorm. Hier muss die Soziale Arbeit tätig werden. Es ist ungemein wichtig, vom
ersten Tag in der Unterkunft angemessene Hilfe anzubieten, um das Gefühl zu ver-
leihen, dass die Flucht nun überstanden wurde und nun ein neuer Lebensabschnitt
beginnt. Damit die Jugendhilfe ihrer Aufgabe nachkommt und die Möglichkeit einer
gesellschaftlichen Teilhabe ermöglicht, müssen die Sozialarbeiter*innen angemessene Hilfestellung und Orientierung bieten. Zudem muss der psychologische Bedarf erkannt und behandelt werden da psychosomatische Beschwerden meist un-
mittelbar nach der Flucht auftreten. Das Wiederherstellen von sicheren und vertrauten Bindungen, für das die Sozialarbeiter*innen in den Unterkünften verantwortlich sind, spielt dabei eine zentrale Rolle. Sozialarbeiter*innen müssen Betreuer*in, Helfer*in und Ansprechperson in einem sein, da sie noch vor den Freun-
den oder möglichen Verwandten die wichtigste Bezugsperson für geflüchtete Jugendliche sind.[149]

Das Ermöglichen der gesellschaftlichen Teilhabe kann neben den genannten Aspekten aber auch durch die Veränderung der Unterbringungsformen noch besser
gelingen. Während sich die meisten Träger nur auf eine Zielgruppe spezialisieren,
in dem Fall also auf unbegleitete minderjährige Geflüchtete, wäre es sinnvoller,
wenn inklusive Unterkunftsformen angeboten werden würden.[150] So könnten geflüchtete Jugendliche schneller mit in Deutschland aufgewachsenen Jugendlichen
Kontakte knüpfen und würden nicht dauerhaft unter sich verbleiben. Die Schule
wäre damit nicht mehr der einzige Ort, an dem sich junge Geflüchtete mit Gleich-
altrigen, in Deutschland sozialisierten Jugendlichen, treffen könnten.[151]

---

[149] vgl. Thomas et al., ebd., S. 179

[150] vgl. Thomas et al., ebd., S. 179

[151] Im stationären Jugendwohnen eines sozialen Trägers in Berlin wurde zu Beginn der Flüchtlingskrise ein Konzept entwickelt, welches speziell an unbegleitete minderjährige Geflüchtete angepasst war. Folglich kam es auch hier zu keinerlei Verknüpfungen zu in Deutschland
sozialisierten Jugendlichen. Auch die Schule war häufig kein geeigneter Integrationsort, da
die jungen Geflüchteten meist eine Willkommensklasse besuchen mussten und wiederum
oftmals nur unter sich bleiben konnten. Vereine oder Freizeitaktivitäten waren somit meist
die einzigen Orte, an denen es zu einem Austausch kommen konnte. Erst als die Flüchtlingswelle abnahm wurde das Konzept 2019 angepasst. Plötzlich wohnten Jugendliche, die in Berlin geboren und aufgewachsen sind und Geflüchtete in einer Wohngemeinschaft zusammen.
Der Austausch untereinander fand nun automatisch statt, da man sich Räumlichkeiten teilt
und unter einem Dach wohnt. Die Ergebnisse waren vielversprechend, da die Jugendlichen
Interesse zeigten und miteinander kommunizierten. Zwei völlig verschiedene Kulturen
wohnten unter einem Dach und die Aussichten darauf, die Integration und gesellschaftliche
Teilhabe somit zu fördern, waren plötzlich deutlich einfacher zu erreichen als über Beratungsstellen oder andere Hilfsangebote von außerhalb.

Zusammengefasst lässt sich konstatieren, dass die Teilhabe am gesellschaftlichen
Leben in Deutschland für unbegleitete minderjährige Geflüchtete eine enorme Herausforderung darstellt, die nicht immer auf Anhieb zu verwirklichen scheint. Nicht
nur die Ankommensphase gestaltet sich dabei als schwierig, auch die Zeit danach
ist nicht immer leicht zu bewältigen. Die gesellschaftlichen Erwartungen an Geflüchtete sind zudem meist hoch: Integration, Spracherwerb, Einhaltung der in
Deutschland geltenden Regeln, das Respektieren der Regeln und Gesetze aber auch
eine schnelle Verselbstständigung werden auf Anhieb genauso erwartet wie institutionalisierte Faktoren. Für eine gesellschaftliche Teilhabe werden also demnach
u.a. Geld, Bildung, Arbeit, Wohnung und Gesundheit erwartet. Ebenfalls ist eine Anbindung an Sozialräume, soziale Netzwerke und die Anbindung an deutsche Gleichaltrige wichtig, wobei klar erkennbar ist, dass geflüchtete Jugendliche zunächst fast
ausschließlich in Wohnheimen für Geflüchtete wohnen müssen und damit keine
reale Chance haben, diese Forderung in Taten umzusetzen. Dabei entstehen vielfältige Formen der Ausgrenzung, da sie, zumindest für einen begrenzten Zeitraum, in
einer Parallelgesellschaft leben. Die gesellschaftliche Teilhabe durch die Kinderund Jugendhilfe ist demnach keine Einbahnstraße. Sie muss stets das Ziel verfolgen,
junge unbegleitet Geflüchtete als Individuum anzusehen und Wertschätzung vermitteln. Neben der Wohnung und einer Ausbildung bzw. einem Beruf gehört hierzu
die gesamtgesellschaftliche Anerkennung. Diese kann nur dann erfolgen, wenn
eine Vermischung der Kulturen stattfindet, wenn Geflüchtete beispielsweise an
Musik- oder Sportvereine angebunden werden, in denen sie auf gleichaltrige, deutsche Jugendliche treffen.[152] Damit unbegleitete minderjährige Geflüchtete ein Zugehörigkeitsgefühl entwickeln können, ist die Voraussetzung hierfür, soziale Beziehungen einzugehen und am alltäglichen Geschehen teilhaben zu können. Dabei
kann es zudem zu einer hybriden Identität führen, was bedeutet, dass junge Geflüchtete sich sowohl mit ihrem Herkunftsland, als auch mit dem Aufnahmeland
identifizieren können.[153]

5.2.2 Gesellschaftliche Teilhabe durch Bildung und Spracherwerb

Die Kinder- und Jugendhilfe ist, wie im vorherigen Kapitel näher erläutert, eine
wichtige Komponente, um gesellschaftliche Teilhabe zu verwirklichen und somit

---

[152] vgl. Thomas et al., ebd., S. 185-188

[153] vgl. Feld, Lars; Hirsch, Patrick, Pfeil, Katharina: Gesellschaftliche Teilhabe – Integration von
Geflüchteten, Malteser Migrationsbericht, 2019, S. 97

eine erfolgreiche Integration in die deutsche Gesellschaft realisieren zu können. Doch muss auch festgestellt werden, dass der Rahmen der Kinder- und Jugendhilfe nur einen kleinen Teil dazu beitragen kann. Wichtig ist in dem Zusammenhang, dass die Kinder- und Jugendhilfe mit anderen Faktoren, die ebenfalls einen wichtigen Einfluss für gesellschaftliche Integration haben, einhergeht. Somit stellt die Bildung und der Erwerb der deutschen Sprache eine weitere Komponente hierfür, die im folgenden Unterkapitel näher erläutert werden soll.

Alle unbegleiteten minderjährigen Geflüchteten haben das gleiche Recht auf Schulbesuch, völlig unabhängig davon, welchen Aufenthaltsstatus sie besitzen, ob sie sich in einem Asylverfahren befinden, dieses bereits beendet wurde oder erst angestrebt wird.[154] Die Schule als Institution dient dabei als der wichtigste Ort, um sich zu bilden und die Sprache anzueignen. Grundlegend für eine erfolgreiche gesellschaftliche Teilhabe und spätere Berufslaufbahn ist die Sprachkompetenz, sodass das Deutschlernen von Anfang an im Mittelpunkt der Hilfen für geflüchtete Jugendliche stehen sollte. Meist bleibt den Jugendlichen nach ihrer Ankunft in Deutschland nur noch wenig Zeit, meist nicht mehr als zwei Jahre, um im Rahmen der geltenden Schulpflicht Deutsch und eine andere Sprache zu erwerben.[155] Das Erlernen der deutschen Sprache fällt besonders schwer, wenn sie nicht als Muttersprache erlernt wird, oder wenn die eigene Muttersprache nicht besonders gut beherrscht. Dies bedeutet im Umkehrschluss, dass junge Geflüchtete, die ihre Muttersprache gut beherrschen, auch eine andere Sprache, in diesem Fall die deutsche, schneller und unproblematischer erlernen können.[156] Dennoch werden die betroffenen Jugendlichen durch die anfangs bestehende Sprachbarriere einen hohen Hilfebedarf aufweisen, den es von Sozialarbeiter*innen und Lehrer*innen zu ermitteln gilt, um passende Hilfeangebote anzubieten. Der Besuch der Willkommensklasse in einer Regelschule kann für den Beginn bereits eine Abhilfe schaffen, doch auch außerhalb der Schule sollte beispielsweise ein Deutschkurs als weiterer Baustein für eine Sprachförderung installiert werden. Sprachliche Defizite können durch Separation oder Segregation auftreten. Wenn die Betroffenen in Gesamtunterkünften oder in Stadtteilen leben, in denen der Migrant*innenanteil im Vergleich relativ hoch ist, ist die Wahrscheinlichkeit höher, dass der Spracherwerb und damit die Integration in die Gesellschaft schwerer fällt, vor allem wenn ersichtlich wird,

---

¹⁵⁴ vgl. Tangermann; et al., ebd., S. 50
¹⁵⁵ vgl. Thomas et al., ebd., S. 190
¹⁵⁶ vgl. Toprak et al., ebd., S. 17

dass das alltägliche Leben auch ohne Deutschkenntnisse bewältigt werden kann. Auch deshalb sind Gesamtunterkünfte für junge Geflüchtete kein idealer Ort, um die deutsche Sprache erlernen zu können. Es ist eher davon auszugehen, dass die Motivation, eine neue Sprache zu erlernen sinkt, wenn in der unmittelbaren Umgebung die Muttersprache gesprochen wird.[157] Es muss dennoch konstatiert werden, dass die Bildungsvoraussetzungen hierfür sehr heterogen sind. Während geflüchtete Kinder und Jugendliche aus verschiedenen syrischen Städten meist eine mehrjährige Schulbildung genießen konnten, besuchten viele Jugendliche aus afrikanischen Staaten keine Schule. Das Bildungsniveau kann jedoch auch dann variieren, wenn Jugendliche aus demselben Land kommen. Bei geflüchteten Mädchen lässt sich zudem beobachten, dass die Mehrzahl von ihnen, unabhängig vom Herkunftsland, keine Schule besuchte. Generell lässt sich feststellen, dass der Bildungs- und Wissensstand in den Heimatländern der jungen Geflüchteten den Anforderungen des deutschen Bildungssystems nicht entspricht.[158]

Während der Anfangszeit in Deutschland und der bestehenden Sprachbarriere sind Dolmetscher*innen und Sprach- und Kulturmittler*innen für junge Geflüchtete elementare Personen, da sie ihnen aufgrund der komplikationslosen Verständigung meist mehr anvertrauen können, als Sozialarbeiter*innen oder Betreuer*innen.[159] Viele der Geflüchteten können sich zu Beginn nicht bzw. nur kaum oder auf englisch bzw. französisch verständigen. Häufig können sie nicht das aussprechen, was sie wollen, sondern nur das, was sie können. Das Jugendamt muss bei den installierten Hilfen besonders darauf achten, dass Sprachmittler*innen stets zur Seite gestellt werden, da sie eine sprachliche Verständigung, u.a. auch bei komplexen Themen, herstellen können. Dadurch könnte der Sprachlosigkeit der betroffenen Personen entgegengewirkt werden. Dies ist vor allem bei der Anamnese und Fallplanung in den Einrichtungen eine wichtige Weichenstellung. In der Praxis lässt sich beobachten, dass spezielle Fachkräfte, die als Sprachmittler*innen in den Hilfeprozess integriert werden, fehlen. Während in Großstädten dieses Problem nicht allzu häufig auftritt, da die sprachliche Vielfalt dort meist relativ breit ist, gibt es in ländlicheren Regionen kaum passende Fachkräfte mit den entsprechenden Sprach- und Migrationshintergründen, die sich zudem in die

---

[157] ebd.

[158] vgl. Thomas et al., ebd., S. 189

[159] vgl. Imm-Bazlen, Ulrike; Schmieg, Anne-Kathrin: Begleitung von Flüchtlingen mit traumatischen Erfahrungen, Berlin/Heidelberg: Springer VS, 2017, S. 21

Jugendlichen hineinversetzen können und somit ein pädagogisches Grundverständnis mitbringen. Das besagte Problem trifft jedoch auch in Großstädten wie Berlin auf, wenn Jugendliche aus afrikanischen Ländern seltene Sprachen wie Fulla, Mandinka oder Somali sprechen und die Kolonialsprachen wie Englisch oder Französisch nur rudimentär beherrschen. Es lässt sich also sagen, dass die Hilfen beim Spracherwerb durch das Jugendamt und die Sozialarbeiter*innen weiter ausgebaut werden können und teilweise müssen.[160] Leider scheitert dies in der Umsetzung noch zu häufig an den fehlenden Sprachmittler*innen oder durch die fehlende Qualifikation, um am Hilfeprozess mitzuwirken und vom Jugendamt entsprechend vergütet zu werden.[161]

Trotz der beschriebenen Sprachbarriere muss festgehalten werden, dass sich die Jugendlichen häufig sehr schnell Sprachkenntnisse aneignen können. Größere Probleme treten bei geflüchteten Kindern und Jugendlichen hingegen bei den Lese- und Schreibfertigkeiten auf.[162] Die Soziale Arbeit muss sich an das besondere Setting anpassen und die Informationsvermittlung mithilfe von Bildern, Online-Übersetzungsprogrammen oder Sprachmittler*innen umsetzen, sofern die deutsche Sprache keine Kommunikationsmöglichkeit bietet. Neben den vielen professionellen Akteur*innen, die am Integrationsprozess beteiligt sind, leisten ehrenamtliche Personen ebenfalls wertvolle Hilfe beim Erlernen der deutschen Sprache und der Vermittlung von Bildung. Sowohl Haupt- als auch Ehrenamtliche haben die Aufgabe, viel Engagement, Empathie, Präsenz und Geduld mitzubringen. Die Soziale Arbeit muss durch die unterschiedlichen Bildungskenntnisse kreative Lösungen erarbeiten, um sowohl Anfänger, als auch Fortgeschrittene gleichermaßen zu fördern und somit eine gesellschaftliche Teilhabe zu ermöglichen und den Integrationsprozess positiv zu beeinflussen. Junge Geflüchtete und Sozialarbeiter*innen sollten das gegenseitige Interesse an der Sprache des*der jeweils anderen haben, um eine Begegnung auf Augenhöhe zu ermöglichen.[163] Letztlich muss der meist

---

[160] vgl. Thomas et al., ebd., S. 190-191

[161] Aus eigener Erfahrung kann belegt werden, dass Sprachmittler*innen aufgrund ihrer in Deutschland fehlenden Ausbildung vom Jugendamt nicht eingesetzt werden (können). Private Sprachmittler*innen arbeiten auf Honorarbasis und werden für ihre Arbeit oftmals geringwertig vergütet. Dadurch entsteht die Schwierigkeit, dass Privatpersonen, die als Sprachmittler*in eine ungemein wichtige Stütze für den gesamten Hilfeverlauf darstellen würden, nicht berücksichtigt werden, obwohl die Kapazitäten, je nach benötigter Sprache, meist vorhanden sind.

[162] vgl. Thomas et al., ebd., S. 190

[163] vgl. Imm-Bazlen et al., ebd., S. 22

gute Integrationsprozess und das Erlernen der deutschen Sprache innerhalb eines
kurzen Zeitraums anerkannt werden, zumal immer berücksichtigt werden muss,
dass unbegleitete minderjährige Geflüchtete aus vielen verschiedenen Ländern
und Kulturen gemeinsam in Einrichtungen leben und zunächst kaum Kontakte in
die deutsche Gesellschaft haben. Die Pflicht, innerhalb der Einrichtung deutsch
sprechen zu müssen, um somit mit den Mitbewohner*innen kommunizieren zu
können, erweist sich einerseits als eine große Hürde für die Jugendlichen, andererseits als ein wichtiger Integrationsfaktor. Durch das rasche Erlernen der deutschen
Sprache erlangen einige Jugendliche in Deutschland erste Schulabschlüsse und haben durch ihre Mehrsprachigkeit in der Zukunft, nicht zuletzt durch die Globalisie-
rung, bessere Möglichkeiten, angesehene Berufe auszuüben. Die Sprachkompeten-
zen vieler geflüchteter Jugendlicher muss von der Gesellschaft als Kernqualifika-
tion anerkannt werden, wodurch ebenfalls eine Integration in die Gesellschaft besser gelingen kann. Wichtig wäre zudem, in Schulen neben der deutschen Sprache
auch die Muttersprache zu fördern, um somit die Chancen zu erhöhen, sich die
deutsche Sprache noch besser aneignen zu können. Durch den eng getakteten
Schulunterricht und nicht zuletzt durch die fehlenden Fachkräfte an Schulen gibt
es bisher keine Förderung der Erstsprache für unbegleitete minderjährige Geflüchtete. Ebenfalls kann es zu Schwierigkeiten führen, wenn junge Geflüchtete aufgrund
ihres Alters von der Schulpflicht ausgenommen werden und sie dann selbst
Deutschkurse bezahlen müssen, wenn z.B. das Jugendamt keine finanziellen Mittel
zur Verfügung stellt.[164] Auch hierbei müssen Sozialarbeiter*innen des Jugendamtes, die wirtschaftliche Jugendhilfe des Jugendamts gemeinsam mit den Sozialarbeiter*innen in den Einrichtungen eng vernetzt sein, um passende Sprachkurse
ausfindig zu machen und den finanziellen Rahmen früh klären zu können.

5.2.3 Gesellschaftliche Teilhabe durch Ausbildung und Beruf

„Es ist einfach so, dass meine Familie und ich vor meiner Flucht besprochen haben,
dass ich mir in Deutschland eine neue Zukunft aufbauen möchte, weil es in meiner
Heimat keine Perspektive gab. Vielleicht hat meine Familie dann irgendwann auch
die Chance, nach Deutschland zu kommen. Aber mein Ziel war auch von Anfang an,
es alleine zu schaffen, also natürlich mit euch Betreuern und so, aber ohne Familie.
Und dazu hat es immer gehört, dass ich erst zur Schule gehe, Deutsch lerne und dann
irgendwann hoffentlich arbeiten gehe. In Afghanistan und später im Iran, wo ich auf
dem Markt manchmal Gemüse verkauft habe oder in einer Werkstatt geholfen habe,

---

[164] vgl. Thomas et al., ebd., S. 191-192

gab es für mich keine Möglichkeit, einen richtigen Beruf zu lernen, also ich meine mit einer Ausbildung und alles so wie hier. Als Afghane hat man sowieso keine Möglichkeit, im Iran eine normale Arbeit zu finden, meinen Eltern ging es genauso. Mir war das alles nicht so klar, was mich hier in Deutschland erwartet, ich wusste aber, dass ich später mein eigenes Geld verdienen will und diese Chance habe ich jetzt endlich durch die Ausbildung zum KFZ-Mechatroniker. Und auch wenn ich merke, dass die Arbeit schwer ist und ich in der Berufsschule manchmal Probleme habe, will ich es unbedingt schaffen und dann alleine wohnen und selbstständig sein. Und dazu gehört für mich auch, dass ich viel mehr lernen muss als meine deutschen Mitschüler, weil die ja keine Probleme haben mit der Sprache und dem ganzen Asyl. Die können sich immer nur auf die Ausbildung konzentrieren, bei mir ist das ja ein bisschen anders. Ich bin aber froh, dass ich hier etwas richtiges lernen kann und es egal ist, ob ich Deutscher bin oder nicht, auch wenn es für mich manchmal schwer ist. Man muss halt immer motiviert und fleißig sein, auch wenn es mir manchmal nicht so gut geht und ich denke, dass ich das alles nicht mehr schaffe. Ich habe natürlich auch schon schlechte Erfahrungen gemacht in Berlin aber eigentlich sind die meisten Menschen auf der Arbeit und in der Schule nett. Ich hoffe jetzt einfach, dass ich nach der Ausbildung etwas in der Hand habe und zeigen kann, dass ich integriert bin, einen Beruf erlernt habe und selber mein Geld verdiene und dann in Deutschland bleiben kann [...] ohne immer die Angst zu haben, dass ich irgendwann wieder zurückmuss. [165]

Viele junge Geflüchtete verfolgen den Traum, früher oder später arbeiten zu können und dabei das erste eigene Gehalt zu verdienen. Es ist ein Traum von Selbstständigkeit und der Möglichkeit, einen Beruf zu erlernen, der finanzielle Sicherheit erbringt. Dabei geht es weniger um die soziale Erwartung, die die Jugendlichen in Bezug auf Deutschland haben und auch weniger darum, die eigene Familie im Herkunftsland finanziell zu versorgen. Es geht, wie im Kurzinterview erwähnt worden ist, darum, sein eigenes Geld zu verdienen, etwas vorweisen zu können und auf den eigenen Füßen zu stehen.[166] Ein fester Beruf und der Faktor Arbeit nehmen in der Positionierung von Menschen in der Gesellschaft eine überragende Bedeutung ein. So ist eine erfolgreiche Bildungsbeteiligung, also die Schulbildung und eine erfolgreich abgeschlossene Berufsausbildung Voraussetzung für den künftigen Berufserfolg. Im Bereich der sozialen Integration wird deutlich, dass die Berufsintegration sowohl Ergebnis als auch Ursache für künftige Integrationsmechanismen verantwortlich ist. Das bedeutet, dass jemand, der in der Arbeitswelt gut integriert und

---

[165] Die Aussagen stammen aus einem Kurzinterview eines unbegleiteten minderjährig Geflüchteten. Er war zum Zeitpunkt des Interviews 19 Jahre alt, flüchtete 2016 aus Afghanistan nach Deutschland und wohnt derzeit in einer WG im betreuten Jugendwohnen in Berlin.

[166] vgl. Thomas et al., ebd., S. 209-210

vernetzt ist, kann seine Kapitalien auch in der Gesellschaft erfolgreicher einsetzen
und diese entfalten.[167] Für Geflüchtete ist die Arbeitsmarktintegration im Rahmen
des Integrationsprozesses demnach sehr bedeutend. Personen, die keine Erwerbs-
arbeit finden können, werden über soziale Sicherungssysteme aufgefangen und
spüren dadurch die finanziellen und persönlichen Einschränkungen. Dies betrifft
auch diejenigen, die unter unsicheren Arbeitsbedingungen beschäftigt sind oder
einen schlecht bezahlten Beruf ausüben.[168]

Wie kann es also gelingen, gesellschaftliche Teilhabe für junge geflüchtete Personen durch Arbeit und Ausbildung zu ermöglichen? Für die Organisation für wirtschaftliche Zusammenarbeit und Entwicklung (OECD) kann eine Integration in den
Arbeitsmarkt für geflüchtete Personen dann gelingen, wenn die herkunftsspezifi-
schen Unterschiede keine Rolle mehr spielen. Personen mit Migrationshintergrund
bzw. geflüchtete Personen sollen gleiche bzw. ähnliche Arbeitsmarktergebnisse erzielen können wie einheimische Personen. Um jene Forderungen realistisch erreichen zu können, ist eine gleichberechtigte gesellschaftliche Teilhabe das oberste
Ziel. Nur dadurch kann es gelingen, eine System- und Sozialintegration erfolgreich
zu ermöglichen. Mensi-Klarbach und Vedder nach lässt sich das Ziel, einen von der
Herkunft unabhängigen Berufserfolg kurz- und mittelfristig jedoch kaum erreichen. Eine Arbeitsmarktintegration ist immer mit der Integration in die neue Kultur und der Interaktion in der Gesellschaft verbunden. Alle drei Faktoren benötigen
bei einer Fluchtmigration und Ankunft in Deutschland viel Zeit. Die Unterbringung,
die künftige Asylangelegenheit, der Erwerb der deutschen Sprache, eine mögliche
Anerkennung von verschiedenen Bildungszeugnissen, das Absolvieren von verschiedenen Fort- und Weiterbildungen sowie Praktika sind zeitintensive Faktoren,
die eine rasche Arbeitsmarktintegration verhindern. Während einige Geflüchtete
ihre Tätigkeiten auch in Deutschland schnell ausüben können (z.B. Köch*innen,
Programmierer*innen), muss die Mehrheit von ihnen verschiedene Prüfungen zur
Anerkennung ablegen oder eine Ausbildung bzw. Studium erneut beginnen, da die
Abschlüsse aus den Herkunftsländern in Deutschland nicht oder nur minderwertig
anerkannt werden. Oftmals ist das Erlernen der deutschen Sprache dabei der

---

[167] vgl. Mensi-Klarbach, Heike; Vedder, Günther: Geflüchtete Menschen auf dem Weg in den
deutschen Arbeitsmarkt, München: Rainer Hampp Verlag, 2017, S. 14
[168] vgl. Mensi-Klarbach et al., ebd., S. 15

aufwendigste Teil der Integration und führt bei der Ausbildung bzw. im Beruf zu den meisten Schwierigkeiten.[169]

In der Praxis haben die meisten unbegleiteten minderjährigen Geflüchteten große Probleme, ihre berufliche Zukunft in Deutschland richtig einzuschätzen, da sie ein vergleichbares Ausbildungssystem aus ihren Herkunftsländern meist nicht kennen. Viele von ihnen haben keinen Überblick über die Möglichkeiten aber auch Grenzen der verschiedenen Ausbildungsberufe, die zur Verfügung stehen. Die Jugendlichen orientieren sich dann meist an ihren Betreuer*innen, wodurch erneut deutlich wird, dass die Soziale Arbeit in der Praxis eine zentrale Rolle einnimmt und junge Geflüchtete in die richtige Richtung lenken kann. Die Sozialarbeiter*innen in den Einrichtungen haben die Aufgabe, die Wichtigkeit einer Berufsausbildung deutlich zu machen, da diese u.a. zu einem sicheren Aufenthaltsstatus und einer weiteren beruflichen Zukunft in Deutschland führen kann. Ohne diese Qualifikationen sind die Aussichten nach einer erfolgreichen Berufsintegration meist sehr gering. Jedoch muss auch konstatiert werden, dass es unrealistisch ist davon auszugehen, dass junge Geflüchtete ihren Beruf und die Ausbildung frei wählen können. Die Ausbildungen, die ihnen zur Verfügung stehen sind entweder körperlich anstrengende Berufe oder Berufe, für die sich nicht im ausreichenden Maße qualifizierte deutsche Jugendliche finden lassen.[170]

Zu der ohnehin schon prekären Situation erschwert das Asyl- und Aufenthaltsrecht häufig die Ausbildungschancen. So muss jede Tätigkeit, dazu zählt im Übrigen auch ein Praktikum, eines unbegleiteten minderjährigen Geflüchteten zunächst von der Ausländerbehörde beantragt und genehmigt werden. Ohne einen entsprechenden Vermerk in den Aufenthaltsdokumenten kann keine Tätigkeit legal ausgeübt werden. Hierbei muss dringend hinterfragt werden, wie eine realistische Teilhabe an der Gesellschaft geboten werden kann, wenn die Jugendlichen von Beginn an in anerkannte Berufsausbildungen gedrängt werden, da nur diese zu verlängerten Aufenthaltsduldungen führen. Eine realistische Arbeitsmarktintegration lässt sich daraus nicht entwickeln, eher das Gegenteil lässt sich vermuten: Die Geflüchteten sind frustriert und erleben das Gefühl, dass sie, anders als ihre Klassenkameraden, aufgrund ihrer Herkunft und ihrer Fluchtgeschichte stets eine Erlaubnis durch die Ausländerbehörde benötigen. Die bereits äußerst prekäre Situation, in der sich

---

[169] ebd., S. 15-16

[170] vgl. Thomas et al., ebd., S. 211

viele junge Geflüchtete hinsichtlich ihrer beruflichen Situation befinden, spitzt sich durch die fehlenden Sprachkenntnisse weiter zu. Sofern die Suche nach einem Ausbildungsplatz erfolgreich war, zeigt sich in der Praxis, dass die Ausbildungsbetriebe und Kolleg*innen zunächst viel Verständnis für die Jugendlichen aufbringen und sich über deren Situation bewusst sind. Doch immer häufiger wird berichtet, dass mit der Zeit verständnislos reagiert wird – vor allem dann, wenn Tätigkeiten aufgrund der Sprachbarriere nicht wie vorgesehen umgesetzt werden können.[171] Es empfiehlt sich daher eindringlich, dass geflüchtete Jugendliche ausreichend Zeit in der Schule erhalten, um die deutsche Sprache bestmöglich zu erlernen. Es erklärt sich von selbst, dass auch nach zwei oder drei Jahren Kommunikationsprobleme auftreten können, zumal in allen Ausbildungsberufen viele Fachbegriffe erlernt werden müssen.[172]

Ähnliche Schwierigkeiten treten außerdem in den Berufsschulen auf. Die Übergänge von Willkommens- oder Regelklassen an Oberschulen zu Berufsschulen sind meist mit gravierenden Problemen verbunden, da einerseits der Lernstoff und das Lernpensum deutlich intensiver ist, andererseits die Lehrkräfte meist nur wenig Rücksicht auf die (mangelnden) Deutschkenntnisse nehmen.[173] Zwar werden immer häufiger ausbildungsbegleitende Hilfen an Berufsschulen angeboten, die eine speziell in ausbildungsrelevanten Fächern große Stütze bieten, Hilfen in Form von zusätzlichen Deutschkursen für Geflüchtete werden hingegen nicht angeboten. Daraus resultiert die Frage, wie Geflüchtete ihre Deutschkenntnisse weiter verbessern können, wenn sie sich entweder in der Ausbildungsstätte befinden oder in der Berufsschule anwesend sind? Deutschkurse, die in den Abendstunden von verschiedenen Trägern oder Volkshochschulen angeboten werden, werden durch die ohnehin schon hohe Belastung der Jugendlichen insgesamt seltener wahrgenommen, da auch nach der Berufsschule eigenständig Lernberichte verfasst werden und Hausaufgaben erledigt werden müssen. Nach Thomas et al. wäre es daher sinnvoller, nicht den Fokus auf das Absolvieren der Berufsausbildung zu legen, sondern die Teilhabe in die deutsche Gesellschaft über die Aufnahme einer Tätigkeit herzustellen. So könnten Geflüchtete mit Einheimischen in Kontakt treten und ihre Deutschkenntnisse in Bezug auf den Berufsalltag ausbauen. Gesellschaftliche Teilhabe durch eine Ausbildung kann nur dann gelingen, wenn der Druck, den die

---

[171] vgl. Thomas et al., ebd., S. 212
[172] vgl. Vielfalt e.V., ebd., S. 33
[173] vgl. Thomas et al., ebd., S. 213

Jugendlichen durch ihre aufenthaltsrechtliche Situation stets verspüren, genommen wird. Hierzu gehört auch, dass den Jugendlichen die Möglichkeit gegeben werden muss, weiterführende Schulen besuchen zu können. Sie müssen ebenfalls die faire Chance bekommen, ihr Abitur zu machen und ggf. ein Studium anzustreben, auch wenn dies in der Praxis zunächst zweitrangig ist. Aufgrund des Drucks durch das Asylverfahren werden viele Jugendliche jedoch fatalerweise in eine Ausbildung gezwungen, um somit die Anforderungen der Ausländerbehörde zu erfüllen und die Chance zu erhöhen, ein Bleiberecht zu erhalten. Es versteht sich von selbst, dass die Integration in den meisten Fällen dadurch nicht erzwungen werden kann. Es besteht der dringende Bedarf, dieses Verfahren zu reformieren: Jugendliche dürfen nicht unter Druck gesetzt werden, um schnellstmöglich eine Ausbildung zu beginnen – in anderen Worten darf eine Ausbildung nicht das einzige Kriterium sein, um in Deutschland bleiben zu dürfen. Somit bleiben lediglich die Potenziale der Jugendlichen auf der Strecke und es entsteht eine dauerhafte Drucksituation, die sich in den meisten Fällen negativ auswirkt.[174]

> „[...] viele sind fit. Ich sage mal, wer sich als Flüchtling auf den Weg macht, ist, sage ich mal in Anführungsstrichen, nicht der Dorftrottel. Das sind schon Leute, die ein bisschen fitter sind. Die müssen den Weg finden, die müssen die Länder kennen, die Strategien beherrschen. [...] Und da ist bei vielen Potenzial da. Aber man muss ihnen auch Zeit geben. Und auch in der Schule Zeit geben. Und ich finde, wenn der eine oder andere mal noch zwei Jahre länger in der Schule ist, aber dafür den Schulabschluss hat und eine Ausbildung bekommen kann [...] Es wäre hilfreicher, ihnen zu sagen: „Wisst ihr was, ihr könnt erst mal auf jeden Fall hierbleiben, bis die Ausbildung abgeschlossen ist. Egal, was dazwischen passiert.“ Dann würden manche auch sagen: „Dann mache ich einen möglichst guten Schulabschluss.““[175]

---

[174] vgl. Thomas et al., ebd., S. 213-215
[175] Auszug aus einem Interview aus: Thomas et al., ebd., S. 215

6 Schluss

6.1 Zusammenfassung

Im nun folgenden Schlusskapitel soll im ersten Schritt eine grobe Zusammenfassung über die Arbeit gegeben werden. Anschließend soll die Ausgangsfrage untersucht werden, ob sich unbegleitete minderjährige Geflüchtete, die zunächst im Kinder- und Jugendhilfesystem verweilen, nach ihrer Flucht eine neue Zukunft in einem für sie zunächst fremden Land aufbauen können. Wie real sind ihre Chancen wirklich und was müssen die Jugendlichen in Kauf nehmen, um in der deutschen Gesellschaft anzukommen und Teilhabe zu erfahren? Konnte die vorliegende Arbeit Ergebnisse darstellen, die die zentrale Frage ansatzweise beantworten lässt? Im zweiten Teil des Resümees sollen zum Abschluss einige Empfehlungen an die verschiedenen Themenfelder der Sozialen Arbeit formuliert werden, um gesellschaftliche Teilhabe von jungen Geflüchteten realisieren zu können. Was muss passieren, um die derzeitige Situation zugunsten der Geflüchteten weiter zu verbessern und was sollte dazu beigetragen werden, damit sich junge Geflüchtete eine sichere Zukunft in Deutschland aufbauen können? Die Empfehlungen sollen primär an das Jugendamt und das damit verknüpfte Kinder- und Jugendhilfesystem sowie an die verschiedenen Bildungseinrichtungen gerichtet sein. Da es sich um eine rein wissenschaftliche Arbeit handelt, sollte die Ausgangsfrage mithilfe der zur Verfügung stehenden Fachliteratur beantwortet werden. Lediglich in einigen wenigen Abschnitten wurde in Form von Fußnoten von persönlichen Erfahrungen aus der Praxis berichtet, um somit einen Vergleich zur alltäglichen Realität herstellen zu können.

Die Thematik um geflüchtete Menschen gewann spätestens seit 2015 wieder an Bedeutung, als von der sogenannten Flüchtlingskrise die Rede war. Dabei konnte festgestellt werden, dass die Zahl der unbegleiteten minderjährigen Geflüchteten deutlich zunahm. Die Jugendämter, das Kinder- und Jugendhilfesystem, die Sozialarbeiter*innen aus allen Bereichen der Flüchtlingsarbeit, Schulen und Lehrer*innen, Ärzt*innen und Psycholog*innen bildeten – wohlbemerkt meist unbewusst – ein multiprofessionelles Team, um jungen Geflüchteten Schutz zu bieten, sie medizinisch zu versorgen und ihnen die Möglichkeit zu geben, eine Schule zu besuchen und die deutsche Sprache zu erlernen. Für die große Mehrheit der Geflüchteten gestaltet sich die Ankunft in Deutschland zunächst schwierig und ist von Beginn an mit vielen Problemen verbunden. Neben der sprachlichen Barriere ist mit Sicherheit das Asylverfahren eine nahezu unüberwindbare Hürde, die jede*r Geflüchtete*r erleben muss, der*die nach deutschem Gesetz volljährig wird. Daneben kommen gesundheitliche Probleme durch eine medizinische Unterversorgung aus den Heimatländern oder die auf der Flucht erlebte Folter hinzu. Nicht zu unterschätzen sind die daraus resultierenden traumatischen Ereignisse, die häufig erst nach der Ankunft im Aufnahmeland auftreten. Obwohl hierbei nur einige Erschwernisse genannt werden, die die jungen Geflüchteten mit sich führen, wird schnell klar, dass eine Vielzahl an Beteiligten aus den verschiedensten beruflichen Feldern der Sozialen Arbeit am Integrationsprozess beteiligt sind. Hier muss es der sozialen Arbeit gelingen, eng mit den Kolleg*innen aus anderen Professionen zu arbeiten. Nur durch die Kommunikation und den regelmäßigen Austausch untereinander kann es gelingen, eine passende Hilfeform für die Geflüchteten zu finden – und nur so kann es zudem gelingen, einen ersten wichtigen Meilenstein in dem noch langen Integrationsprozess zu legen. Dabei spielen sicherlich die Erstaufnahmeeinrichtungen eine entscheidende Rolle, da im Rahmen des Clearingverfahrens die Bedürfnisse der Geflüchteten erkannt werden müssen. Die Kooperation mit dem zuständigen Jugendamt und der folgenden Aufnahmeeinrichtung muss stets aufrechterhalten werden und jede*r Geflüchtete muss als Individuum angesehen werden. Somit muss auch im Rahmen von Hilfeplankonferenzen individuell entschieden werden, welche Hilfeform passend ist, welche Schule besucht werden sollte, welche Unterbringungsform und welcher Betreuungsbedarf erfolgsversprechend sein könnten. In der Praxis wird dieses Ziel allerdings nur bedingt erreicht, da zwischen den Institutionen kein professioneller Austausch findet. Zu oft ist der einzige Kontakt zwischen dem Jugendlichen, dem Einrichtungsträger und dem Jugendamt die Hilfeplankonferenz, die üblicherweise zwei Mal im Jahr stattfindet. Nur in Ausnahmefällen finden diese häufiger statt, meist dann, wenn ein Umzug stattfindet, die Hilfeform verändert werden muss oder die vereinbarten Ziele nicht umgesetzt werden können. Die prekäre Situation wird zudem durch Kontaktabbrüche und die hohe Fluktuationsrate im Jugendamt, aber auch bei den privaten Trägern in den sozialpädagogischen Einrichtungen, erschwert. Um von Anfang an die gesellschaftliche Teilhabe zu fördern und den jungen Geflüchteten die Möglichkeit zu bieten, sich eine Perspektive in Deutschland aufzubauen, müssen die personellen Kapazitäten in der sozialen Arbeit expandiert werden. Im Anbetracht der stets steigenden Herausforderungen an die Soziale Arbeit darf die Gesamtsituation jedoch keineswegs nur negativ dargestellt werden. Im Gegenteil: Es kann durchaus die Rede davon sein, dass die Integration von unbegleiteten minderjährigen Geflüchteten in vielen Bereichen bereits gut gelingt. Dabei muss berücksichtigt werden, dass seit 2015 Versorgungsstrukturen und neue Einrichtungen für junge Geflüchtete aufgebaut wurden, die allesamt einen wichtigen Beitrag zur Partizipation beitragen. Zudem muss daran erinnert werden, dass eine Vielzahl an unbegleiteten minderjährigen Geflüchteten flüchtete, wodurch ein schnelles Handeln erforderlich war. Die Leistungen bei der Erweiterung der Kinder- und Jugendhilfe wären ohne Engagement, ständige Anpassungen und innovative Lösungen von allen Beteiligten, die in diesem Bereich tätig sind, sicherlich nicht möglich gewesen. In den letzten Jahren veränderten sich für die Soziale Arbeit zudem die Herausforderungen in der Arbeit mit jungen Geflüchteten. Während anfangs der Fokus darauf lag, allen Kindern und Jugendlichen gerecht zu werden, liegt der Schwerpunkt in der Arbeit mit jungen Geflüchteten heute hauptsächlich darin, die seit 2015 in Deutschland angekommenen Jugendlichen soweit zu fördern, dass sie durch einen in Deutschland erworbenen Schulabschluss bzw. eine begonnene Ausbildung bessere Aussichten haben, ein Bleiberecht zu erhalten. Um nochmals zu Ausgangsfrage zurückzukommen: Viele Jugendliche erlernen recht schnell die deutsche Sprache, finden durch Schule und Freizeitaktivitäten Anschluss an gleichaltrige, wenn auch nicht immer deutsche, Jugendliche. Einige von ihnen erreichen zudem einen Schulabschluss, der es ihnen ermöglicht eine mehrjährige Ausbildung zu absolvieren. Wenn Jugendliche vorweisen können, dass sie sich durch den Spracherwerb und den regelmäßigen Schulbesuch integriert haben und ein Berufsausbildungsplatz in greifbarer Nähe ist, ist die Wahrscheinlichkeit für einen längeren Aufenthalt in Deutschland meistens gegeben. Dennoch darf dabei nicht außer Acht gelassen werden, dass viele unbegleitete Geflüchtete in den Folgejahren eine stets unsichere Perspektive haben, sofern kein dauerhafter oder zumindest für mehrere Jahre gültiger Aufenthaltstitel vergeben wurde. Die Möglichkeit, um einen längerfristigen Aufenthaltstitel zu erhalten, entscheidet sich meist sehr individuell. Dabei wird in erster Linie die reale Situation im Herkunftsland analysiert. So kann davon ausgegangen werden, dass Jugendliche aus herkunftssicheren Ländern häufiger abgeschoben werden als Jugendliche, die aus Krisen- und Kriegsgebieten stammen. Während einige sicherlich eine Perspektive in Deutschland erhalten, wird anderen diese aufgrund der genannten Faktoren verwehrt.

6.2 Empfehlungen an die Soziale Arbeit

Im Rahmen des letzten Kapitels der vorliegenden Masterarbeit sollen zum Abschluss einige praktische Empfehlungen für die Soziale Arbeit genannt werden, die die Situation mit unbegleiteten minderjährigen Geflüchteten positiven beeinflussen könnten. Dabei muss erwähnt werden, dass sich die Empfehlungen in erster

Linie an die Jugendhilfe, die allgemeine Bildungssituation an Schulen und in den Ausbildungsberufen sowie an der Teilhabe in der Gesellschaft richten. Da das zentrale Ziel der Masterarbeit ist, zu verdeutlichen, ob bzw. inwiefern geflüchtete Jugendliche sich in Deutschland eine neue Zukunft aufbauen können, richten sich die Empfehlungen primär an das Arbeitsfeld der Teilhabe und der Begegnung.

Die Teilhabe in der für Geflüchtete neuen sowie anfangs fremden Gesellschaft und Umgebung kann und muss u.a. durch Bildungsmaßnahmen und Aneignung von Wissen stattfinden. Der Zugang zu Bildung und Ausbildung muss in den kommenden Jahren noch stärker zum Schwerpunkt gemacht werden, um Integration einfacher und erfolgreicher zu gestalten.[176] Dennoch sollte dies nicht nur erwartet werden, denn auch das Zusammenleben und Zusammenarbeiten zwischen deutschen und geflüchteten Jugendlichen trägt dazu bei, dass die Teilhabe im Alltag erfolgreich erreicht werden kann. Nur durch die Begegnung und den Austausch von verschiedenen Kulturen und Sprachen kann Integration funktionieren. Damit soll nicht die Behauptung aufgestellt werden, dass Geflüchtete nicht ebenfalls in der Pflicht stehen, den Willen und die Bereitschaft zu besitzen, sich im Ankunftsland integrieren zu wollen – es soll darauf abgezielt werden, dass auch Einheimische einen nicht unwichtigen Beitrag dazu beitragen, gesellschaftliche Teilhabe für Geflüchtete zu ermöglichen. Es versteht sich von selbst, dass die Unterbringung der Geflüchteten in großen Gemeinschaftsunterkünften oder in sozial schwachen Regionen nicht dazu führen kann, dass Teilhabe realisiert wird. Der Sozialraumvernetzung muss es demnach gelingen, Begegnungsmöglichkeiten zwischen deutschen und geflüchteten Personen zu schaffen.[177] Diese können zunächst niedrigschwellig sein, damit sich die Personen in erster Linie überhaupt erreichen und verbinden, wichtig ist jedoch, dass das Interesse und die Neugierde von beiden Personengruppen geweckt werden. Die Soziale Arbeit muss in die Pflicht genommen werden, gemeinsam mit Städten und Gemeinden, aber auch mit privaten sozialpädagogischen Trägern durch verschiedene Begegnungsmöglichkeiten eine Willkommenskultur anbieten zu können. Hilfreich wäre es zudem, wenn Sportvereine, Jugendfreizeiteinrichtungen und andere soziale Einrichtungen verstärkt die Möglichkeit bieten würden, sich in der Nachbarschaft zu vernetzen. Hierfür könnten Integrations-

---

[176] vgl. Bundesministerium für Bildung und Forschung: Bildung. Flüchtlinge durch Bildung integrieren, https://www.bmbf.de/de/fluechtlinge-durch-bildung-integrieren.html, [03.01.2021]
[177] vgl. Thomas et al., ebd., S. 230-231

manager*innen eingestellt werden, die ausschließlich das Ziel verfolgen, einen Begegnungsrahmen zu bilden. Einerseits würde Geflüchteten damit das Gefühl vermittelt werden, nicht vom restlichen Teil der Gesellschaft abgeschottet zu sein, auf der anderen Seite würden Einheimische die Möglichkeit geboten werden, Personen aus anderen Ländern und Kulturen kennenzulernen. In den Einrichtungen, in denen Geflüchtete häufig zunächst leben, könnten Nachbarschaftsfeste stattfinden oder die Einrichtung partizipiert an Aktivitäten und Veranstaltungen der Stadt oder des Ortsteils. Dies geschieht aktuell noch zu selten, um von einer Vernetzung sprechen zu können. Diverse Projekte, die nicht ausschließlich an Schulen stattfinden müssen, könnten dazu beitragen, dass sich deutsche und geflüchtete Jugendliche in einem freien Kontext begegnen und austauschen können. Hierzu gehören wiederum unbedingt Sportvereine, die maßgeblichen Erfolg an der Integration haben können, aber auch Musikvereine, Kirchen, Jugendverbände und sozialpädagogische Träger der Jugendhilfe.[178]

Letztlich sollte dennoch der Aspekt der Bildungsförderung berücksichtigt werden, der wie eingangs erwähnt eine zentrale Rolle in der gesellschaftlichen Teilhabe sowie der Integration in die Gesellschaft einnimmt. Es muss weiterhin besser gelingen, junge Geflüchtete im Schwerpunktbereich der Ausbildung zu unterstützen. Die gesellschaftliche Teilhabe für unbegleitete minderjährige Geflüchtete würde sicherlich erfolgreicher verlaufen, wären die Anforderungen zu Beginn nicht all zu hoch. Dazu gehört auch, dass eine Veränderung des Aufenthaltsrechts eintreten müsste, wodurch nicht nur qualifizierte Personen eine Berufsausbildung beginnen dürfen. Damit wäre es wiederum möglich, den Schulbesuch und die damit verbundene Bildungsvermittlung für geflüchtete Kinder und Jugendliche zunächst zu verlängern, wodurch sie besser qualifizierte Schulabschlüsse erreichen könnten, die auf längere Sicht dazu führen, anerkannte Berufe zu erlernen oder dadurch sogar die Möglichkeit bestünde, zukünftig an Hochschulen oder Universitäten zu studieren. Generell kann deshalb die Aussage getroffen werden, dass die gesamte Arbeitsmarktintegration von unbegleiteten Geflüchteten neu strukturiert werden müsste, um die Potenziale der Jugendlichen tatsächlich zu erkennen und zu fördern.[179]

---

[178] vgl. Thomas et al., ebd., S. 231
[179] vgl. Bozay, ebd., S. 36-37

7 Literaturverzeichnis

7.1 Fachbücher und Fachzeitschriften

Altinzencir, Mahmut: Rechtliche Rahmenbedingungen für geflüchtete Menschen in Deutschland und die Aufgaben der Sozialen Arbeit in: Soziale Arbeit und Migration. Konzepte und Lösungen im Vergleich, Karlsruhe: Springer VS, 2019

Artikel 17 der Rechtlinie 2005/85/EG des Rates vom 1. Dezember 2005 über Mindestnomen für Verfahren in den Mitgliedstaaten zur Zuerkennung und Aberkennung der Flüchtlingseigenschaft, 2005

Bericht der Bundesregierung zu dem Gesetz zur Verbesserung der Unterbringung, Versorgung und Betreuung ausländischer Kinder und Jugendlicher gem. § 42e SGB VIII – Die Situation unbegleiteter Minderjähriger in Deutschland, 2019

Bozay, Kemal: Partizipation und Integration von unbegleiteten minderjährigen Geflüchteten als pädagogische Herausforderung der Kinder- und Jugendhilfe in: Junge Geflüchtete in der Jugendhilfe. Chancen und Herausforderungen der Integration, Dortmund: Springer VS, 2019

Bundesarbeitsgemeinschaft Landesjugendämter: Handlungsempfehlungen zum Umgang mit unbegleiteten Minderjährigen. 2. Fassung. Saarbrücken, 2017

Der Hohe Flüchtlingskommissar der vereinten Nationen: UNHCR. Richtlinien über allgemeine Grundsätze und Verfahren zur Behandlung asylsuchender unbegleiteter Minderjähriger, 1997

Deutscher Bundestag: Leistungen der Jugendhilfe für unbegleitete minderjährige Flüchtlinge. 2018

Feld, Lars; Hirsch, Patrick, Pfeil, Katharina: Gesellschaftliche Teilhabe – Integration von Geflüchteten, Malteser Migrationsbericht, 2019

Filsinger, Dieter: Soziale Arbeit mit Flüchtlingen. Strukturen, Konzepte und Perspektiven, Bonn: Friedrich-Ebert-Stiftung, 2017

Gag, Maren; Voges, Franziska: Inklusion als Chance? Eine Einführung in: Inklusion auf Raten, Münster/New York: Waxmann Verlag GmbH, 2014

Gräber, Doris: Flüchtlingssozialarbeit im Kontext von Krankheit und Behinderung. Eine qualitative Studie zum professionellen Selbstverständnis von Sozialarbeitenden, Berlin: Springer VS. 2020

Hargasser, Brigitte: Unbegleitete minderjährige Flüchtlinge. Sequentielle Traumatisierungsprozesse und die Aufgabe der Jugendhilfe, Frankfurt: Brandes und Apsel Verlag, 2014

Imm-Bazlen, Ulrike; Schmieg, Anne-Kathrin: Begleitung von Flüchtlingen mit traumatischen Erfahrungen, Berlin/Heidelberg: Springer VS, 2017

Jordan, Silke: Fluchtkinder. Allein in Deutschland, Karlsruhe: von Loeper, 2000

Kothen, Andrea: Menschrechte kennen keine Grenzen: Tag des Flüchtlings 2016, Frankfurt: Förderverein PRO ASYL e.V., 2016

Mensi-Klarbach, Heike; Vedder, Günther: Geflüchtete Menschen auf dem Weg in den deutschen Arbeitsmarkt, München: Rainer Hampp Verlag, 2017

Ministerium für Bildung, Jugend und Sport: Unbegleitete minderjährige Ausländerinnen und Ausländer im Land Brandenburg, Potsdam, 2018

Ministerium für Familie, Kinder, Jugend, Kultur und Sport des Landes Nordrhein-Westfalen: Jugend. Handreichung zum Umgang mit unbegleiteten minderjährigen Flüchtlingen in Nordrhein-Westfalen, Düsseldorf, 2017

Oltmer, Jochen: Globale Migration – Geschichte und Gegenwart, Bonn: Bundeszentrale für politische Bildung, 2017

Parusel, Bernd: Unbegleitete minderjährige Migranten in Deutschland – Aufnahme, Rückkehr und Integration. Studie II, Nürnberg: Bundesamt für Migration und Flüchtlinge, 2009

Pichl, Maximilian: Soziale Arbeit in der Migrationsgesellschaft. Grundlagen – Konzepte – Handlungsfelder, Villingen-Schwenningen: Springer VS, 2018

Rehklau, Christine: Flüchtlinge als Adressat_innen Sozialer Arbeit? Sozialarbeitswissenschaftlicher Zugang in: Flüchtlinge. Multiperspektivische Zugänge, Bochum: Springer VS, 2017

Schwarz, Ulrike; Tamm, Anne in: Kinderflüchtlinge. Theoretische Grundlagen und berufliches Handeln, Wiesbaden: VS Verlag für Sozialwissenschaften, 2010

Seukwa, Louis Henri: Erkennen und Nutzen von Schlüsselkompetenzen bei Flüchtlingen in: Intelligente Integration von Flüchtlingen und Migranten, Münster/New York: Waxmann Verlag, 2016

Söhn, Janina; Marquardsen, Kai: Forschungsbericht 484. Erfolgsfaktoren für die Integration von Flüchtlingen, Göttingen: SOFI, 2017

Stumberger, Rudolf: Flüchtlinge verstehen. Wer sie sind, was sie von uns unterschiedet und was für uns bedeutet. München: Riva Verlag, 2016

Tangermann, Julian; Hoffmeyer-Zlotnik, Paula: Unbegleitete Minderjährige in Deutschland. Herausforderungen und Maßnahmen nach der Klärung des aufenthaltsrechtlichen Status. Working Paper 80. Nürnberg: Bundesamt für Migration und Flüchtlinge, 2018

Toprak, Ahmet; Weitzel, Gerrit: Deutschland das Einwanderungsland. Wie Integration junger Geflüchteter gelingen kann. Dortmund: Springer VS, 2017

United Nations High Commissioner for Refugees (UNHCR) – The UN Refugee Agency: Abkommen über die Rechtsstellung der Flüchtlinge vom 28. Juli 1951, 1967

Vielfalt e.V.: Qualitätshandbuch für unbegleitete minderjährige Flüchtlinge im betreuten Jugend- und Einzelwohnen, 2017

Wabnitz, Reinhard: Grundkurs Kinder- und Jugendhilferecht für die Soziale Arbeit, 6. Auflage, München: Ernst Reinhardt Verlag, 2020

Walg, Marco: Häufigkeit psychischer Störungen bei unbegleiteten minderjährigen Flüchtlingen in: Zeitschrift für Kinder- und Jugendpsychiatrie, Remscheid: Hogrefe, 2016

Wanner, Martina: Migration und Gesundheit in: Soziale Arbeit in der Migrationsgesellschaft. Grundlagen – Konzepte – Handlungsfelder, Villingen-Schwenningen: Springer VS, 2018

Weeber, Vera; Gögercin, Süleyman: Traumatisierte minderjährige Flüchtlinge in der Jugendhilfe. Ein interkulturell- und ressourcenorientiertes Handlungsmodell. Herbolzheim: Centaurus Verlag, 2014

Weper, Kimberley; Brennecke, Miriam: Unbegleitete minderjährige Geflüchtete – Herausforderungen für Gastfamilien, Berlin: Mensch und Buch Verlag, 2017

7.2 Internetquellen

Bundesministerium für Bildung und Forschung: Bildung. Flüchtlinge durch Bildung integrieren, https://www.bmbf.de/de/fluechtlinge-durch-bildung-integrieren.html. [letzter Aufruf der Internetseite am 03.01.2021]

Bundesministerium für Familie, Senioren, Frauen und Jugend: Engagement für Geflüchtete: Viele Menschen engagieren sich freiwillig für Flüchtlinge, https://www.bmfsfj.de/bmfsfj/studie-zeigt--viele-menschen-engagieren-sich-freiwillig-fuer-fluechtlinge/121758, 2018. [letzter Aufruf der Internetseite am 19.12.2020]

Bundesministerium für wirtschaftliche Zusammenarbeit und Entwicklung: Begriffsbestimmung und Erläuterungen, https://www.bmz.de/de/themen/Sonderinitiative-Fluchtursachen-bekaempfen-Fluechtlinge-reintegrieren/hintergrund/definition_fluechtling/index.jsp [letzter Aufruf der Internetseite am 01.10.2020]

Engler, Marcus; Schneider, Jan: Flüchtlingsrecht: Der Internationale Rahmen, https://www.bpb.de/gesellschaft/migration/kurzdossiers/207695/fluechtlingsrecht, 2015. [letzter Aufruf der Internetseite am 03.10.2020]

Flüchtlingsrat Niedersachen e.V., https://www.nds-fluerat.org/40062/aktuelles/ben-bakayoko-kampf-um-bleiben-zu-koennen/, 2019. [letzter Aufruf der Internetseite am 13.12.2020]

Grundgesetz für die Bundesrepublik Deutschland: http://www.gesetze-im-internet.de/gg/GG.pdf, 2020. [letzter Aufruf der Internetseite am 02.11.2020]

Landkreis Potsdam-Mittelmark: Fachkonzept zur sozialen Unterstützung von Flüchtlingen durch Migrationssozialarbeit, mittelmark.de/fileadmin/Redakteure/Bilder/Wirtschaft__Arbeit/PDF/Jobcenter_MAIA/Publikationen/Broschueren/Fachkonzept_, 2017, S. 8. [letzter Aufruf der Internetseite am 03.12.2020]

Mediendienst Integration: Unbegleitete minderjährige Geflüchtete, https://mediendienst-integration.de/migration/flucht-asyl/minderjaehrige.html, [letzter Aufruf der Internetseite am 02.01.2021]

Steinbüchel, Antje: Zum Umgang mit unbegleiteten minderjährigen Flüchtlingen, https://www.lvr.de/media/wwwlvrde/jugend/jugendmter/rechtlicheberatung/dokumente_82/Zum_Umgang_mit_unbegleiteten_minderjaehrigen_Fluechtlingen.pdf, 2013. [letzter Aufruf der Internetseite am 16.11.2020]